閱讀魔法屋

洪瓊君的身體閱讀　　實踐篇

②

作者｜洪瓊君

晨星出版

︱ 獻給這世界最美麗的一份禮物

　　本書的實用教案都是我實踐過的身體閱讀活動，每一個教學設計都是由簡至繁，從淺至深，由外而內一系列的完整學習。但身體閱讀不是一定要按照我書上所寫的一個步驟接一個步驟去進行，我一再強調，身體閱讀彈性很大，可以依照上課的時間、人數、場地及教學需求與學生狀況調整活動內容和節奏，甚至把任一活動與其他科目的學習結合或作為正式上課前引起動機、引發興趣或集中注意力的活動等等都是很好的。

　　有趣和創造力是我身體閱讀的實踐最基本的動能，重複也會讓我失去教學熱情，所以即使是同一文本，我還是會很自然地變換教學活動，也經常會隨機挑選繪本中不同的元素與孩子即興扮演，譬如，《石頭湯》故事裡，三個和尚要進入村莊之前繞過大山，還說著貓鬍鬚的笑話……我就會讓孩子分組，集合成大山，當我飾演的老太婆（老師入戲）爬過一座一座山時，每一座山都要跟著我的節奏上升下降甚至繞圈圈……然後瞬間再集合成一隻有鬍鬚的大貓等等——這種即興，會讓孩子玩到瘋狂，但又可以馬上安靜下來繼續聽故事，「遊戲」讓你可以完全掌控孩子的學習節奏，因為他們很好奇也充滿期待，接下來你還會下什麼指令，讓他們狂熱地投入。

　　在整個身體閱讀活動中，我不僅不斷讓自己和學生在說演故事之間進出，也會適時回到文本，帶領學生觀看圖畫中的細節和蘊藏的符碼，因此整個身體閱讀的過程是全方位的開發。

關於各篇內容

第二部實用篇內容共分為四篇：

第一篇：**親子身體閱讀**。我提出了一種不同於一般形式的親子共讀，而是以創作性戲劇及身體的遊戲為主的互動式閱讀。在前半段，我挑選了三本閱讀年齡層較低的繪本，讓親子透過活潑的身體閱讀拉近距離增加親密感，並讓親子威權角色自然轉換。後半段，開始進入心靈層次的閱讀，透過身體的互動讓親子跨越平日習慣扮演的角色與界限，更深的看見彼此內在，促進自我表達的療癒。

第二篇：**用身體閱讀心靈**。我選了 13 本跟自我探索、閱讀自己身體和情緒、討論勇敢、分享和同理他人等特質相關的繪本，跟孩子一起探索情緒、釋放壓力，並學習從更多面向瞭解自我，與自己對話，同時也練習以多重角度瞭解跟自己不一樣的人，學習與他人溝通。最後，製作一本專屬的心靈繪本，時時觀照自己的內在。

第三篇：**用身體閱讀大自然**。是以大自然書寫為文本所設計的閱讀深究與開啟感官、深化感受的教學活動，透過身體閱讀大自然、閱讀自然書寫，領受生命的源頭——大自然的愛。

第四篇：**樂齡身體閱讀**。這是臺灣第一份針對樂齡的戲劇課程，也是唯一一份樂齡身體閱讀經驗的研究，過程與資料都彌足珍貴。因此，我特別以札記的方式記錄我與學員的互動和演出經驗，以及我如何使用文本與樂齡長者一起身體閱讀，並描述幾位長者在過程中的轉變。讀者可以在札記中看到我如何運用繪本與樂齡長者進行身體閱讀的步驟和方式，文末，我也整理了在課堂中帶長者玩過的

一些戲劇暖身遊戲供讀者們參考。

身體閱讀是全民閱讀

　　將身體閱讀做以上的分類，主要是讓大家可以依對象和教學目標選擇教案，在操作上更加方便，但事實上，每一個文本延伸的身體閱讀系列活動，除了少數特別標示特定年齡之外，大多數的活動都適用於各個年齡層及不同教學對象——這些活動實踐過的對象最小 2 歲半，最年長 97 歲，而我 30 年的教學歷程，的確也將身體閱讀應用在幼兒、國小、國中、高中、大學、成人團體（包括故事志工、輔導志工）、教師研習和樂齡學習，甚至是失智老人、思覺失調的患者等等的學習課程中，因此身體閱讀的適用性是全民的。

如何使用本書

　　每一個教案都有清楚的步驟，我在這裡對個別內容來加以說明：

1. 前言：每篇前言介紹應用的文本，也分享我的教學經驗。
2. 適用情境和對象：定位該系列活動的主題與適合的參與對象。
3. 結合科目：該系列活動可以融入或與哪些科目做結合發展課程。
4. 活動場地：每一個文本一系列包含靜態與動態的身體閱讀活動，每個活動的場地需求條件不盡相同。
5. 材料準備：有的系列需要的材料比較簡單，統一寫在「材料準備」的項目中。但有的系列個別的活動都有不同的材料需求，就會標

我的身體閱讀課。

註在個別活動的後面。

6. **活動步驟**：我鉅細靡遺地將我在課堂中實踐過的，與該文本相關的身體閱讀活動，依暖身→發展→收尾的順序寫入「活動步驟」中，通常一系列的活動要完整操作至少需要三小時，長則需要六小時，老師（引導者）可依實際上課的時間與教學目標來應用其中的活動，抑或是分段練習完整的系列活動。

7. **小叮嚀**：最後有一些需要特別提醒的部分會寫在這個項目中。

　　「身體閱讀」是我的教學生涯輝煌精彩的印記，也是在教育這條路上，我最想獻給這世界最美麗的一份禮物，礙於篇幅還有很多實踐過的成果無法收錄在本書中，不久的未來，我將陸續完成《用身體閱讀大自然》、《身體閱讀與園藝治療的相遇》以及《用身體寫詩》、《用身體閱讀閱讀心靈》等等，那麼，20 年前在我的第一本書《大自然嬉遊記》中——願以一支筆和對教育的熱誠奉獻給這片土地——的許諾也就了無遺憾。

Chapter 1

親子身體閱讀

｜ 從親子共讀到親子身體閱讀

　　親子共讀被視為可促進兒童語文能力發展的一項重要家庭活動，親子共讀指的是家長與兒童共讀圖書，即分享閱讀（Shared reading）。在許多歐美家庭，特別是白人家庭，在睡前與兒童說床邊故事是家庭的例行活動，也是國外從事兒童語文發展與教育相關人員積極倡導的一項活動。而國內在近二十幾年來，政府和民間機構大力推展兒童閱讀運動和鼓勵親子共讀，親子共讀在國內已日漸普遍，無論低中高社經家庭皆有與兒童共讀的情形。

　　研究指出，親子共讀不但能改善家庭生活習慣，且親子相處氣氛更為融洽。同時，親子共讀經驗也是提昇夫妻感情，增進其育兒教養的方法。而閱讀時以互動、問問題及正面回應等方式，亦可減少兒童不專注的行為等正面影響。但一般定義的「親子共讀」，主要是以由熟悉閱讀的父母帶領兒童在舒適的環境中養成一起閱讀的習慣，是全家人的閱讀活動，也是閱讀推廣的活動之一。此外，親子共讀也是指家長和幼兒一起進行閱讀活動，包含說故事給孩子聽、一起讀故事、討論等，親子雙方有所互動。而親子共讀所閱讀的通常是圖文書，一般都由家長，特別是母親，帶領兒童一起進行。共讀時有的家長照本宣科、有的家長自問自答、有的家長與孩子對話討論，進行的方式不一。在這裡，我要提出一種不同形式的親子共讀，親子一起用身體以及身體的互動來閱讀故事的「親子身體閱讀」。

| 親子親密時光在身體閱讀

很多經歷親子身體閱讀的家長回饋說：

家長心得

有人說從來沒有跟孩子這樣玩過；很久沒有跟孩子這樣說話；現在看電視、玩手機，工作，都沒時間聊天，有機會透過身體閱讀跟孩子說自己的故事，感覺很棒；還有人說在親子身體閱讀發現平常在家裡好像太嚴肅了，應該可以更柔軟一點；還有人說看到孩子很不一樣的一面，也讓孩子看到自己不一樣的很搞笑的部分，很特別……

在團體親子身體與故事的交流裡，身體閱讀創造了一個有別於日常互動的「場境」，活潑且潤滑了親子的互動模式。心理諮商師周志建認為，說故事是把「過去」的某個經驗帶到「此時此刻」，讓我們重新經驗它、理解它。「再說」（Re-telling）故事的過程，過去的經驗得以「翻新」，並帶出「多元」而非單一的新詮釋與感受。這就是故事的療癒所在。而在敘說之後，再把自己的故事在眾人面前公開搬演，自己也參與其中或說或演，這也觸及到社會心理學家湯瑪斯・雪費提出的美感距離，雪費（1981）認為美感距離正是過度距離化（特徵為壓抑及阻斷體驗痛苦情緒的能力，主要經驗

模式是認知）與過近距離化（特徵為壓抑情緒的再現，主要經驗模式是情感）之間。在劇場化和真實之間，也就是過度距離化與過近距離化兩個極端之間會產生情緒宣洩的作用。因此，在親子之間透過身體的戲劇合演共讀了彼此的故事，彼此的關係以及和自己的關係，也獲得某種程度的淨化與釋放。

在親子身體閱讀最令我動容的是在排演及正式演出過程，小孩擁有較大的主導權，不僅會分配角色，還會提醒大人該做什麼動作等等，而成人也很樂意接受這種自然的威權角色的轉換。身體閱讀和戲劇教育一樣能提供一個想像、遊戲，另類和充滿變化的戲劇溝通情境，這情境中止、倒置和更新了親子在日常世界中的溝通目的、角色和方式。一位參與過親子身體閱讀的媽媽如此回饋：

家長心得

瓊君老師是個很會說故事的老師，也是個很會演故事的老師，但是她不是只有自己說自己演，她帶著爸媽和孩子一起說一起演，這種形式的親子共讀不但讓孩子享受了故事的魅力，同時也讓孩子擁有幸福的感覺。

瓊君老師的親子身體閱讀會先給我們一些肢體的暖身，當故事的情境出來時，每一對參加活動的親子在老師安排的氛圍中擺動起肢體，一會兒有人扮演樹，一會兒有人扮演跳躍樹林中的松鼠。隨著故事情節的高潮迭起，每一對親子共同發揮創造力用身體來呈現與詮釋故事。

我的孩子還是低年級，她不只是聽故事，不只是演故事，她還與媽媽有一場親密的共處時光。我相信更小的孩子更需要也更享受這樣一種與媽媽用身體來共讀的體驗，這樣的經驗為孩子奠定學習的基礎，更是未來親子關係是否良好的關鍵。

芬

邀請單位同時也做了以下紀錄：

邀請單位心得

這禮拜六的故事午茶很不一樣，毛毛蟲邀請洪瓊君老師舉辦了一場親子共讀工作坊。

老師開頭打趣地說：「會很累喔！我們會一直動、一直動。」真的啊，老師先讓大家進入自然的世界裡面，帶著大家聯想自己是什麼花，有媽媽說：我是老眼昏花。」哈哈，真的很有創意。有孩子兩手伸長，一開一合地說：「啊滋啊滋，我是食人花。」還有媽媽說：「我是甘蔗花！好喝的甘蔗花！」接著老師拿出道具，說了一個老星星和小花的故事。

「大家為老星星開花好嗎？」老眼昏花搖搖頭。

食人花說：「哼，不要！我要把你吃掉！」……

老星星害怕地跑掉了。

大家變成各種不同的花，用各種不同的方式拒絕老星星。

每個人都融入了角色裡面。這就是戲劇的魔力啊！

接著，老師和大家一起共讀《大自然嬉遊記》裡面的文章，原來老師把故事變成了戲劇，大家都融入了老星星和流星花的故事裡頭。

孩子讀著說：「我要哭了。這故事好難過。」

有媽媽分享：「這種讀文章的方式好特別。對故事的印象更深刻了。」

後來，大家一起共讀洪瓊君老師的另一篇文章，還分成兩組排練即興短劇。孩子們有的爬上爸爸的肚子，有的拉著媽媽的小手，扮演猴子在樹上盪著。

我在旁邊看，忍不住想著：曾幾何時，我們擁有這樣的機會，和爸爸媽媽有過這麼親暱的肢體接觸呢？透過戲劇，透過角色的扮演，好像有些情感變得很不一樣……

劇情的結尾是，爸爸媽媽把種子（孩子們）抱起來，重新種進土裡。戲劇結束，分享心得時，有媽媽握著孩子的手，有點害羞又有點勇敢地分享說：「我剛剛跟他（低頭看向她的孩子）說，你就是媽媽的希望種子。」

好窩心。

我很喜歡這樣的親子閱讀工作坊，你喜歡嗎？

身體閱讀增進了親子的親密感。

　　身體的接觸、互動,是一種關係的建立,而戲劇的遊戲與搬演,讓參與其中的人獲得放鬆、自由,創造力也隨之活躍。看到爸爸媽媽和孩子一同腦力激盪,討論、排演到演出,跨越知性與感性的界限,也跨越肢體的,外在的,人與人之間的包袱與隔閡。而身體閱讀工作坊的年齡從幼稚園到國中,甚至到社會人士,因為身體閱讀的方式與氛圍,大家變成超跨齡的同學,一起閱讀,一起玩耍,我自己都感到神奇。

身體閱讀促進自我表達的療癒

有一次在親子閱讀工作坊中,我們共讀刀根里衣的《走在夢的路上》,用身體閱讀我們也在夢的路上,化身各種角色,綻放的罌粟花、想跟星星跳舞的水母、一棵大樹的一段樹枒,握著白色珍珠紗,讓身體隨白紗似雪花舞動⋯⋯這段夢的歷程,開發了身體動作的元素和模仿的身體,也豐富了身體的經驗和轉化,在身體的接觸中感受到關懷與接納,在象徵性或直接的表達中讓情緒有了抒發,而在參與了和他人共享經驗的過程中,如李宗芹說:「就社會化的意義而言,會感受到一種心理上的安全感⋯⋯藉著遊戲改變我們的意識焦點,從遊戲的活動引導人們放鬆,不那麼擔心身體在他人面前呈現,並且不在乎自己的身體好看與與否⋯⋯」,就如以下兩位媽媽的體會:

家長心得

我很喜歡身體閱讀這樣的方式與概念,讓我看見閱讀是可以有肢體的互動,很像玩遊戲,很享受孩子能與我一起用肢體去玩繪本的過程,我自己也享受,真的好有意思!
但我自己會稍微放不開去展現自己的肢體,或覺得擔心自己做得不好,但是我的孩子卻能很自在地去隨意展現自己的肢體,我也慢慢感到放鬆,而能較自在地配合著孩子去創造我們的肢體動作,我覺得最大的收穫是能在與孩子互

動的過程中，放下自己心裡的害怕，去享受自由的展現自
己的身體。會覺得更愛自己一些，然後心情很好，很療癒。

　　　　　　　　　　　　　　　　　　　　　　　　　　如

透過身體閱讀療癒身心，洪瓊君老師——真的太讓我刮目
相看了，原來故事不只能用嘴巴說，還可以透過其他方式
來闡述及表現，透過身體的延伸來閱讀，創造人與人之間
豐富的想像空間，讓身體去感受觸摸的真實感，不同的意
境有不同的表現端看自己怎麼詮釋與遊玩，這種靈性與表
演藝術的結合真的太棒了！

　　　　　　　　　　　　　　　　　　　　　　　　　　琪

　　這兩位故事媽媽同時提到了療癒。美國戲劇治療先驅蕾妮·伊
姆娜（Renée Emunah）認為：「在戲劇環境裡經驗了一些生命未曾
經驗之事，這個經驗並非幻想，而是展現自己被隱藏的部分。」

　　Eysenck（1988）也主張自我表達在健康當中扮演著非常重要
的角色，因為身體經驗了一些生命未曾經驗之事及身體展現的突
破，不僅表達了自己被隱藏的部分，身體經驗也影響內在的自我，
因而獲得療癒。

　　另外，在以下這位媽媽的回饋中也看到同樣地在身體閱讀體驗
到親子更親密的關係：

很難得和阿嬤以及女兒三代一起體驗，阿嬤很享受肢體被開發的感覺，她非常喜歡瓊君老師的上課方式。至於我的感受是享受著和孩子親密接觸的當下，身體閱讀課，開啟孩子的想像空間和無限制的創意發揮，挺好的。

怡

同時，從以下這位媽媽的回饋中看到身體的經驗不僅讓自我表達更有突破，還可以跨越語言的限制與外在事物有更深切的連結：

當老師一站到面前，彷彿有魔力一般地就吸引著大家的目光，她一開口不管大小朋友通通著迷似地跟著她飛進故事裡，不管她下了什麼指令，總讓人沉浸其中，而我2歲大的孩子，即使對華語不是那麼了解（平時在家以臺語對話為主），但看著她可以跟上老師的引領，不禁覺得以身體帶領閱讀的方式真的好迷人，也打破了語言的疆界，更是牽起了與周遭人事物的連結，卸下膽怯和害怕，願意去嘗試，那不就是我們希望新一代的孩子可以領會的嗎？！另外，老師也準備許多道具，不僅只是身體的舞動，也讓孩子透過不同的媒材刺激不一樣的觸覺感知，那真的是很驚豔的收穫啊。

甄

身體閱讀促進自我表達。

　　還有媽媽回饋親子身體閱讀的經驗改變了他們親子共讀的模式：

現在講故事時，都會要我配合他演出，改變了閱讀模式，變得越來越愛演。透過身體閱讀，孩子能夠真正感受到故事裡的心情，在生活中有時碰到相同的事件發生，都會想到對應的故事情節。而且有時候小孩的想法變得非常天馬行空，媽媽我可能還在停留在框框裡，他們已經想到別的地方去了。

琪

戲劇在本質上會誘發同理心及不同的觀點和角度。這位媽媽與孩子的身體閱讀經驗，印證蕾妮‧伊姆娜（Renée Emunah）所說的：「演戲促進了一個直接聯繫更深層的同理心、靈性接觸及與人關聯的意識。」而這被誘發的同理心與人的關聯意識，也可以轉化為面對現實問題時有更多元的觀點與解決能力。

｜ 親子身體閱讀的魅力

親子身體閱讀打破了一般「親子共讀」的定義與模式，把個人的親子雙方的共同閱讀、討論與互動，擴大至公共場域的集體的共讀，有一位上過我的身體閱讀研習課的媽媽回饋：

家長心得

我第一次認識以身體來進行閱讀的活動，是洪瓊君老師的帶領，才知道有這樣的方式來為孩子講故事的，那時候我的第一個孩子 1 歲 10 個月大，每週帶她去固定場所聽故事，大多是孩子要坐著聆聽，我沒想過原來也可以將身體融入故事情境裡，讓孩子有參與感以及從中發展想像力。

珮

身體閱讀提供了一種新的親子閱讀的體驗，同時也擴大身體感官的參與，特別是身體的接觸。謝如欣在其研究中指出：「因社

身體閱讀轉換親子的威權角色。

會經濟環境或家庭所制約而成的例行公事，讓人們的身體動作機械化，甚至心靈也隨之空洞化。隨著劇場遊戲規則的指引，從身體出發，參與者一步步放鬆，不僅拆解平日一成不變的工作或家務所僵化的肢體，亦能打開機械化思考的腦部運作，激發人類原始就被賦予的創意。」而身體的互動，更讓親子間有了跨越語言的親密接觸，身體的溫度與關愛也帶來療癒。

　　同時，身體的解放消彌了知性與感性的界限，也跨越肢體的，外在的，人與人之間的包袱與隔閡。讓所有不同年齡層的人變成同等年紀同等高度的超跨齡的同學，一起閱讀，一起玩耍。而進入戲劇情境讓人更能感同身受，戲劇促進了更深層的同理心、靈性接觸及與人關聯的意識，也可以轉化為面對現實問題時有更多元的觀點與解決能力——這些都是親子身體閱讀的魅力。

一場甦醒身心的按摩暖身——《騎士胡比》

　　《騎士胡比》這個教案透過一個歐洲騎士的一天，將按摩技巧巧妙地融入其中。

　　隨著早晨騎士胡比在乾草堆裡被公雞叫醒，隨之打哈欠伸懶腰、把卡在頭髮裡的麥稈和甲蟲揪出來，然後沿著長長的階梯下樓……。讀者的雙手也跟著導讀者進入書中，搭配主角動作的按摩儀式甦醒身心，若讓所有參與者圍成圓圈，接龍式地按摩彼此，抑或是兩兩成對互相按摩，更是拉近彼此距離、增進情誼的極佳互動。

　　隨著劇情的推展，騎士胡比營救噴火龍寶寶的高潮，讓聽故事、玩故事的人所有感官都活絡起來，身體所接收到的刺激更為強烈，直到噴火龍寶寶、鱷魚寶寶都香甜地睡著，聽故事的人也從興奮的狀態回復平靜，享受安詳的放鬆。

　　這是一本兼顧故事趣味與身心靈健康的好繪本，導讀時加入戲劇元素更能激發創意、活絡氣氛，讓故事變得更好玩。

　　我在各種年齡階層的課程中運用此書的延伸活動開場，都是笑聲不斷，讓高齡者甚至失智老人相互按摩，瞬間打破矜持讓彼此的距離縮短；也讓夫妻檔、親子檔互動更加親密；同學之間互相按摩，除了體驗的趣味，更學習到體貼與照顧他人的方式，我也會提醒學童將此技巧學好，回去為家中長者、父母服務。

■ 文本
《騎士胡比》
米娜‧麥克瑪斯特、優阿西姆‧弗里德里希 著，菲莉西塔斯‧
霍爾斯特薛佛 繪圖，賴靜雅 譯，2014，臺北市：維京。

■ 適用情境和對象
適用於任何年齡層。

■ 結合科目
1. 聽覺藝術：透過「起床號」各種聲音的聯想與表達，開發
   聲音的表現力，並活絡氣氛。
2. 生活健康：將此繪本與書中的按摩技巧融合運用在各年齡
   層，特別適合作為一系列活動的暖身開始。可以拉近彼此
   距離、增進情誼、甦醒身心、促進健康。
3. 表演藝術：透過故事說演、道具輔助，讓聽眾進入故事情
   節中。

■ 活動場地
室內，最好有軟墊或木質地板，可坐下來進行活動的場地，戶
外在草地上或有一個獨立可遮陽的空間亦可。

■ 活動材料
《騎士胡比》繪本，放鬆的音樂。

■ 活動步驟

1. 人物介紹

騎士最早是指歐洲中世紀時期受過正統軍事訓練的騎兵，大約起源于公元 4 世紀，後來演變為一種榮譽稱號，表示某種社會階層。在此階段的紛亂局勢中，國王和貴族都需要一些在戰爭上具有壓倒性優勢的兵種，因此機動力優於步兵的騎士就成為戰爭中的主力，並逐漸成為貴族階級中的一部份。

騎士精神以謙卑、榮譽、犧牲、英勇、憐憫、精神、誠實、公正八大美德為核心。在騎士文學中，騎士往往是英雄的化身。面對不同族群亦可置換成該文化中的角色，例如中國的俠士，阿美族的勇士……較能產生文化共鳴。

2. 起床號 （結合科目：聽覺藝術）

讓所有人圍成圓圈，老師詢問每個人早晨被何種聲響喚醒？可以是實際的，例如：鬧鐘聲、鳥叫聲、大人的呼喚聲……也可以是幻想的，例如：蛙叫聲、蟬鳴、幽靈聲……也可以是記憶中最深刻、最懷念的聲音。我在課程中收集到很多令人懷念的聲音，例如：深夜巷口，推著小車販賣杏仁豆腐的叫賣聲，沿街賣饅頭、豆花……的叫賣聲；還有令人驚奇的起床號，隔壁單調的念經聲，販賣車「芋粿、菜頭粿、紅豆甜粿……」的錄音帶叫賣聲，樓上中年男人噁心的漱口聲，樓下救護車的鳴笛聲（住在養老院社區，這是每天都會聽到的聲音）……

老師如合唱指揮般指揮每一個人輪流發出起床號,一人一次或一人重複幾次後換人,或一組一組,由指揮者自由選定,臨機反應,讓各不相干的起床號形成一種特殊的節奏,甚而產生特別的合聲。

老師當指揮,
讓每個人發聲。

3. 按摩進行式（結合科目：生活健康）

順著故事節奏與情節線,依序介紹各種上背部按摩方式,同時讓參與者實際操作。

圍坐圓圈
互相按摩。

4. 說演故事（結合科目：表演藝術）

老師可用道具輔助（道具恐龍蛋、鱷魚蛋、恐龍、鱷魚布偶等），亦可用故事說演的方式述說後半段騎士胡比營救恐龍寶寶的情節。

用道具輔助說故事。

5. 深呼吸（結合科目：生活健康）

故事說到最後，兩個寶寶都睡著，這時可以請學生也躺到地板上，閉上眼睛，做三次深呼吸，同時播放放鬆的音樂，配合呼吸，讓因按摩而激起的活絡細胞獲得深沉的休息。

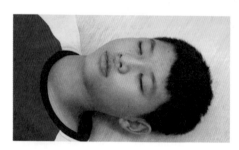

按摩後好好的休息一下。

6. 道感謝

另一種結束方式，讓所有參加者，向左右邊的人說聲：「謝謝你，辛苦了。」

感謝為你按摩的人。

小叮嚀

Tip 1 請參與者注意按摩的力道，絕對不能把對方弄痛。
Tip 2 亦可兩人或親子一組，相互按摩。
Tip 3 請學生穿著寬鬆衣褲。
Tip 4 可準備輕鬆的音樂，調和氣氛，幫助最後放鬆活動的進行。

1.2

想像無限延伸——《爺爺的枴杖》

3~6 歲的孩子處於前運思期之初，通常會使用特殊的表徵，例如：他們可以選擇一塊布來代表枕頭，或是一根棒棍來代表一支槍，亦即假裝與想像的遊戲。而假裝和想像是戲劇最基本的要素，通過一個簡單物體，擴張對該物體的想像，就像孩童的遊戲那般，一塊布可以拿來當圍巾、當披巾、當圍裙、當頭巾、當野餐墊……還可以變成什麼？一根棍子除了是棍子本身的功能，還可以擴充成何物？魚竿、望遠鏡、單槓等等，你能夠運用想像力延伸出 10 種、100 種更多的可能性。五味太郎的《爺爺的枴杖》這本內容文字簡單且具有高度創意的圖畫書，剛好提供了饒富趣味的想像延伸與刺激。

《爺爺的枴杖》朗朗上口的文字，適合正在學習語言的孩子，同時也貼近幼兒熟悉的想像遊戲，接近幼兒化的圖案，可愛且富拙趣，很能夠拉住孩子的情感。同時強調視覺的刺激，善用對比的高低彩度色調，使主題更加鮮明。

在《爺爺的拐杖》這本書中，除了爺爺那支神奇的拐杖展現了無限的創意之外，在色彩上的運用更是自由，充滿各種意外的視覺驚喜與想像。山洞是紫色，蝙蝠是綠色，還有鮮紅的眼睛，成為強烈的對比。海是青草的綠，對比陸地樹幹一般的棕色，雲朵是綠色，鳥有紫色的翅膀，而天空那一輪螺旋狀的太陽，竟也如棒棒糖般有

各種不同顏色——這些奇異的色彩，帶領孩子隨著五味太郎的想像
歡愉地悠遊於想像的國度。

■ 文本

《爺爺的枴杖》

五味太郎 著，鄭明進 譯，2014，臺北市：青林出版社。

■ 適用情境和對象

適用於各個年齡層。

■ 結合科目

1. 聯想力開發：以一根棍棒延伸聯想的活動，可做為刺激聯
   想力的遊戲。這也通常是身體閱讀初階的活動。

2. 表演藝術：用身體表現出結合一根棍子延伸的想像物的連
   續動作，可以開發肢體。

■ 活動場地

室內戶外皆可。

■ 活動材料

《爺爺的枴杖》繪本，一支棍棒、一根竹管或軟性長條物皆可，
蒙眼罩（可用口罩代替）。

▍活動步驟

1. 想像無限大 （結合科目：聯想力）

請大家圍成圓圈，戴上蒙眼罩。然後以一根棍棒輪流傳遞給每一個人，請大家仔細觸摸這根棍棒。當棍棒傳了一輪之後，第二次傳遞棍棒時請大家延伸聯想力，「這一根長條物」還可以變成什麼？不必執著於棍子本身的形狀，棍子還可以是任何東西的一部分，譬如：摩托車的手把。不能用說的，要用肢體表演出來，包含聲音和動作。

當所有人都做過一輪之後，拆下蒙眼罩，再將棍子傳遞下去，請每一個人重複一遍剛剛所做的表演——表演者須戴上蒙眼罩，表演完即可拆下，觀看別人的表演。

此活動結束後，請大家分享蒙眼想像及觀看別人呈現的感受。

圍圓圈閉眼拿軟棒做聯想。

2. 說演故事（結合科目：表演藝術）

把繪本裡對於一根拐杖的各種延伸想像以聲音、動作說演出來。

軟棒變電話筒，可以跟天空說話。

3. 再做一次（結合科目：表演藝術）

透過繪本的刺激之後，請大家再做一輪想像，可以換另一種方式，將場地分成兩邊，把棍子放在中間，當有人想到點子就可以直接衝到中間做表演，再將棍子放回原位，表演過的人即到場地的另一邊。這次不需要戴蒙眼罩。可以放輕快的音樂加溫氣氛。

把軟棒放眾人中間，學生做搗小米狀。

4. 回到繪本導讀（結合科目：美術、閱讀）

帶大家觀看五味太郎充滿各種意外的視覺驚喜，以及各種想像的奇異色彩的運用。最後，鼓勵大家的表現。

小叮嚀

Tip 在第一個活動步驟——「想像無限大」，每一個蒙眼人拿著長條物做延伸聯想的模擬時，可以讓其他人猜想蒙眼人在做什麼？視時間而定，猜一至三次，猜不到就公布答案。

1.3

一起去走路——《小貓去散步》

　　《小貓去散步》這本童趣十足的繪本裡，四隻活潑好動的小貓在媽媽只想睡大覺的好天氣出去玩，一路遇到草地裡的蝗蟲、樹上的尺蠖、成列的螞蟻、高壯的雞媽媽、帶小鴨散步的鴨媽媽等等，每隻蟲每個動物都要教小貓們好好走路，最後小貓們落水而被貓媽媽救回，是個簡單卻富有動作及語言節奏感的故事。很適合作為肢體動作開發的練習，親子一起玩更有趣味。

　　讓孩子跟著主角們用不同方式散步移動，藉由肢體動作的爬行、蠕動扭動、蹲跳彈跳、橫行直走、砰砰跑步到亂蹦亂跳……去體驗身體各個部位在力度、速度與方向等等不同感覺的變化，同時也訓練身體的協調感、平衡感及創造力，開啟更多感官的感知。

■ **文本**

《小貓去散步》

　　三原佐知子 著，汪仲 譯，1998，臺北市：臺灣英文雜誌。

■ **適用情境和對象**

　　所有年齡層都適用，中年級以下的孩子更適合，親子一起玩也會很有趣。

■ 結合科目

1. 表演藝術：模擬動物的走路方式，開發肢體。

2. 語文：形容動物走路的聲音或方式。

3. 視覺藝術：畫出動物走路的樣子。

■ 活動場地

室內戶外皆可。

■ 活動材料

《小貓去散步》繪本。輕快的音樂（可備可不備）。

■ 活動步驟

1. **邊講邊做**（結合科目：肢體開發）

當故事說到小貓遇到何種昆蟲、動物時，就請聽故事的人一起在原地模仿該動物走路的動作。例如：螳蟲一面說，一面就倏倏的——從一根草跳到另一根草，小貓就立刻學起螳蟲的跳法，來學我跳（老師自己加的詞），「倏倏，叭！倏倏，叭！」（老師做動作，請學生跟著做，一定要加入聲音）。

學生排列走路，學螞蟻走路。

2. **個人呈現**（結合科目：表演藝術）

　　故事說完之後，邀請學生表演還有什麼動物走路的方式。並請表演者或其他觀看的同學用語詞形容該動物走路的聲音或方式。

3. **集體練習**（結合科目：表演藝術）

　　請學生在空間的 A 點排成數列，一次一列前進，用一種動物的走路方式移動到 B 點。老師準備繪本裡沒有出現的題目，例如：猩猩走路、蝸牛爬行、水母漂浮……也可以把範圍加寬，激發更多創造力，例如：草原上的生物、海洋生物、天空裡的自然物……

學生排列前進，學蝗蟲跳。

4. 畫寫練習（結合科目：視覺藝術）

最後請大家練習在紙上畫下一種生物，並寫下該生物移動的動作描述。例如：一個幽靈呼呼地飄過去。

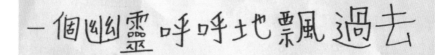

畫寫練習。

Tip 1 移動練習時，可放輕鬆的音樂加溫氣氛。

Tip 2 本活動也可不需繪本引導，單獨作為暖身活動亦可。

1.4

一定要──《擁抱》

幾米這本2012深情的作品《擁抱》，以一隻雄壯威武、會讀書、會思考的紅毛獅子為主角，因為在秋天的草原作夢時，被天上掉下來的一本書激怒，也激起好奇心，展讀了這本天上掉下來的以擁抱為題的書，描述了各種動物在各種情境下的擁抱和喜歡，讓他覺得噁心嘔吐，讀著讀著，讓自覺很理性很有智慧的獅子感到恐怖、離奇，甚至感覺愚蠢至極──這是什麼姿勢！什麼噁狀況！簡直丟盡全天下動物的臉。讀著讀著，海豚360度的擁抱，樹懶懶懶地擁抱，青蛙黏黏的擁抱，鱷魚溫柔的擁抱，海獺無賴的擁抱，呆頭鵝白癡的擁抱，猩猩擺盪的擁抱，白兔子好愛你的擁抱和紫色鳥永恆的擁抱……理性會思考的紅毛獅子開始不解他們的喜悅，迷惘他們的自然，困惑他們的恬靜，震驚他們的幸福。

接下來書頁展開的是蝙蝠倒吊的擁抱，豪豬找到最不豪豬的擁抱，藍鯨最大最大的擁抱，無尾熊緊緊的擁抱和老虎看似讓人恐懼其實一點也不可怕的擁抱……在月光下快樂讀書的紅毛獅，突然好想好想擁抱。

紅毛獅好想和草原上的動物們分享這本書，好想和他們擁抱，可是所有的動物都嚇得落荒而逃，只有救命恩人小老鼠覺得他很可憐，勉為其難假裝看書看得好高興……既然軟的不成，就乾脆來硬的。為了擁抱，羚羊用腳戳牠，他忍耐；野豬用頭撞他，他寬恕；

斑馬用腳踹他，他承受。犀牛憤怒地用堅硬的腳攻擊他；大鱷魚狠心咬住他的尾巴拖他下水；而大象脹紅著臉，用長鼻子把他捲起拋向遠方……為了一個擁抱從早到晚累得要死的紅毛獅，渾身是傷，卻什麼也沒得到。

只是要一個小小的擁抱這麼難嗎？他只好去抱大西瓜，但覺得冰冷；他只好去抱大石頭，但覺得堅硬；他只好去抱小樹叢，但覺得好軟弱；他只好去抱大輪胎，但他覺得好悲傷——紅毛獅癱軟在石頭上沉思，風颳起了枯葉在空中飛舞，他凝視著落葉在空中與風擁抱的剎那，他突然記起——曾經遺落的小男孩那深深的愛的擁抱。

紅毛獅和男孩溫暖的擁抱裡充滿幸福的回憶，突然，一個風和日麗的清晨，紅毛獅在混亂中被塞到卡車上——身為讀者的我們都知道發生了什麼事——紅毛獅跟最愛他的男孩分開了。

突然記起的思念在大大痛哭之後，還會再見嗎？

幾米這個帶著一貫溫暖畫風，包裹著滿滿的愛，卻夾帶一絲絲揮之不去的悲傷的故事，雖然是快樂結局，但讀來總有點感傷，特別是其他動物不接受紅毛獅的擁抱，以及後來揭露紅毛獅與男孩被迫分離的那段過去，在親子共讀的場合更有感覺。不過，透過我的說演，戲劇性的表情、語調和肢體動作，同時讓在場的人一起身體閱讀，這個故事讓人大笑讓人哭的起伏性就更大了，感受也更深刻。同時發展各種動物式、各種情感表現的擁抱活動，從集體到個別創作，也激發更多不可思議的創意。

■ 文本
《擁抱》
幾米 著，2015，臺北市：大塊文化。

■ 適用情境與對象

因為擁抱需要身體上很多的接觸，所以此活動很適合親子共讀，增進情感的連結與彼此身體的溝通。不過，在彼此熟悉的故事志工團體也會有很好的效果，因為故事志工身體的開放性與適應性大多很強，常能激發出令人跌破眼鏡的創意。

■ 結合科目

1. 肢體開發：發展各種擁抱方式，發揮肢體創意。

2. 情緒表達：練習書中獅子各種情緒的表達。

3. 想像力開發：創造故事結尾。

4. 心靈對話：討論擁抱的感覺、意義，用身體去感受。

■ 活動場地

室內戶外皆可，只要能席地而坐，方便聽故事並做身體的活動即可。

■ 活動材料

《擁抱》繪本。

■ **活動步驟**

1. 暖身（結合科目：肢體開發）

一、二、三木頭人＋動物變變變。大家都有玩過一、二、三木頭人的遊戲，我通常會要求做三次木頭人，每一次都要不同方向、角度和高低水平。然後就依照木頭人定格的方式，指定變形，例如：一、二、三，變小狗、一、二、三變獅子……當然如果配合其他故事主題，變形的內容就不限於動物。而且你也可以循序加入其他戲劇元素，例如一、二、三變獅子（只能有定格動作）→加聲音→加動作（就可以動來動去，但不可碰到別人）。

動物變變變。

2. 說演故事 （結合科目：閱讀課）

可照著書念，亦可參考前言的第一段。

3. 邊講邊做 （結合科目：肢體開發）

故事裡提到幾種動物的擁抱，包括海豚 360 度的擁抱，樹懶懶懶地擁抱，青蛙黏黏的擁抱，鱷魚溫柔的擁抱，海獺無賴的擁抱，呆頭鵝白癡的擁抱，猩猩擺盪的擁抱，白兔子好愛你的擁抱和紫色鳥永恆的擁抱……以下的擁抱練習，可以此為題目。

1. 將學生兩個兩個分成一組。

2. 一、二、三變動物（定格）。例如：樹懶。

3. 發出聲音（還是定格）。

4. 加動作，例如：懶懶的。

5. 兩隻樹懶懶懶的擁抱在一起。

6. 每一次不同的指令都挑選不同的一、兩組讓大家觀摩。

7. 最後，請大家創造一種擁抱，並為該擁抱命名。最好能讓每一組的作品都讓大家欣賞。

各種擁抱。

4. 感覺練習 （結合科目：表演藝術課）

請大家跟著紅毛獅做動作，並一起說以下的臺詞

——這是什麼鬼姿勢？……

——這是什麼蠢表情？……

——這是什麼怪畫面？……

——這是什麼噁狀況！……

練習獅子的表情。

5. 情緒表達 （結合科目：表演藝術課、語文課）

請大家一起表達出紅毛獅的情緒——不解、迷惘、困惑、震驚。

練習表達
獅子的情緒。

6. 說演故事

可照著書念，亦可參考前言的二、三、四、五段。

7. 創造結局

（結合科目：語文課、表演藝術課）

請大家用說的或分組演出自己設想的結局。

學生設想的結局——
獅子和主人重逢。

8. 回到故事裡的結局。並請大家討論幾個問題，與心靈對話。

1. 擁抱的感覺如何？

2. 紅毛獅剛開始為什會覺得擁抱是噁心的？

3. 後來為什麼又會改變態度？

4. 大家一起用身體去揣摩去感受紅毛獅的感覺和情緒，
   是否有更不一樣的體會？

心靈對話。

小叮嚀

Tip 如果是親子活動，盡量請小孩先說自己的感覺，比較不會受到大人的影響。也盡量鼓勵任何感受的表達，不管是正面還是負面的感覺和想法都可以說出來。而老師的角色，只是邀請大家把感受說出來，並不需要為任何人的感覺做評論。

1.5

想一想——「你最重要的是什麼?」

托爾斯泰所著的《傻子伊凡》其中一篇〈三個問題〉深刻也具哲學性地討論人生最重要的東西是什麼,可用此文本來跟中、高年級以上的學生討論「人生最重要的時刻」、「最重要的人」和「最該做的事」。

故事裡提到,一個國王有一次想到,如果他知道以下三個問題的答案:

什麼時候去做他應該做的事?

什麼人應該跟他交往,什麼人他應該規避?

什麼是最重要的事情?

——那麼他就永不會有錯失。

國王就向全國人民宣布,只要有人教他「如何知道做每件事情的適當時刻,如何知道哪些人是最重要的人,以及決定什麼是最重要的事情。」就會獲得很大的獎賞。

有學問的人開始來找國王,但他們全都提出不同的答案。為了發現他的問題的真正答案,國王決定去請教一位以智慧聞名的隱士。

隱士不曾離開他所住的森林,也只接見單純的人。因此國王換上素衣,在他沒有到達隱士的住處之前就下馬,把他的侍衛留在林

中，自己一個人前往。國王看到隱士在茅屋前墾土掘地，隱士看到國王時跟他打招呼，又立刻繼續工作，隱士很瘦弱，每次鏟起一點泥土，就沉重地喘著氣。

國王走近他身邊說：「聰明的隱士，我是來請教你三個問題的答案：我如何知道我應該專注的時間，不讓它流逝，以免後悔？誰是最重要的人，讓我該對他表示最大的關注？還有，什麼是最要的事情，值得優先去做？」

隱士聽完國王的問題，並沒有回答，持續挖著土。

「你看起來很疲倦」國王說：「把鏟子給我吧！讓我來挖。」

隱士把鏟子交給國王，國王挖了兩列花床後停下來，問同樣的問題。隱士沒有回答，只是站起來，伸出手要拿鏟子，並且說：「現在你休息，我來工作。」

但國王沒有給他鏟子，繼續挖土。

時間一點一滴過去；太陽已經快要下山，國王跟隱士說：「聰明的人啊，我來找你是要得到我問題的答案。如果你不知道，請跟我坦承，我就啟程回宮。」

後來一個有鬍子的人跑出森林，身體受傷流血，國王很仔細地為他清理並包紮傷口，同時，太陽已經西下，國王因為墾地、為受傷的人上山取水、照料傷口，疲憊不堪，便累倒躺在門檻上睡著了。他睡得很沉，以至於清晨醒來，不知自己身處何處？為何而來？後來才記起那位躺在床上的留著鬍子的陌生人，這個陌生人正專注地

凝視著他。

　　後來才知曉，有鬍子的人原來是要來刺殺國王的，因為國王殺死他的哥哥，搶奪他的財產。他知道國王單獨來看隱士，所以決定在國王回家的途中殺他。但是一天過去了，國王卻沒有回來，有鬍子的人離開埋伏的地方去尋找國王，結果卻遇到國王的侍衛，被他們認出來而攻擊他，後來國王照料他也解救了他，所以他要祈求國王的原諒，當國王最忠實的奴隸，並且命令他的子孫也這樣做。

　　國王十分欣喜能與他的敵人和好，國王不僅原諒此人，還答應歸還他的財產，並且派自己的醫生和僕人服侍他，直到他康復。

　　國王希望在離開隱士之前，能得到他的回答。隱士跪在院子裡繼續播種。

　　「你的問題已經得到答案。」隱士說，抬頭看著站在他面前的國王。

　　「我的問題如何得到解答呢？」國王問。

　　「你昨天如果沒有同情我年邁體衰，為我掘地，而是自己一個人返回，那麼那你就會被那人所殺，你也會後悔沒有留下來跟我待在一起。因此，最重要的時間就是你挖花床的當下，我是你最重要的人；而最重要的事是對我行善。然後，當那個受傷的人跑向我們時，最重要的時間是你為他包紮傷口的剎那，因為如果你沒有為他療傷，他就會死去，你也就喪失與他和解的機會，因此他是最重要的人，而你對他所做的事是最重要的事。」隱士說。

故事最後，托爾斯泰要讀者們記住，只有一個重要的時間，
就是「現在」！因為只有「當下」才是我們唯一能掌握的時刻；而
最重要的人是「此刻跟你在一起的人」，因為沒有人能夠知道將會
遇到什麼人；而最重要的事情是對此刻和你在一起的人「行善」，
使他幸福——那是當下唯一最重要的時刻、最重要的人、最重要的
事。

■ 文本

《傻子伊凡》

列夫‧托爾斯泰 著，魏岑芳 譯，2019，臺北市：漫遊者文化。

■ 適用情境與對象

小三以上皆可進行此活動。

■ 結合科目

1. 思考練習：透過繪本和故事，思考人生最重要的事。
2. 用身體轉繹：練習用身體轉繹具象的事物或抽象的概念。
3. 表演藝術：用身體模擬國王鏟土的動作，練習專注；透過
   靜像做出自己的答案，開發肢體。

■ 活動場地

室內戶外皆可，只要能席地而坐聽故事並做身體的活動即可。

■ **活動步驟**

1. 木頭人暖身（結合科目：肢體開發）

先以大家熟悉的一、二、三木頭人遊戲來破冰暖身，讓大家熟悉用靜像——靜止的動作表現一種符號或意義的方式。

一二三木頭人。

2. 靜像練習（結合科目：肢體開發）

以靜像表現自己喜歡的運動、喜歡做的任何事情。

靜像——最喜歡做的運動（打羽球、打籃球、射箭）。

3. 讀故事 （結合科目：閱讀）

共讀文本。

4. 口語討論 （結合科目：表達訓練）

每當說到一個國王提出的問題便可停下來做口語的討論。

5. 靜像呈現 （結合科目：肢體開發）

口語的討論告一段落，可以請每一個以靜像做出自己的答案。

靜像——什麼時刻最重要？
擁抱、睡覺、吃飯。

6. 回到故事 （結合科目：閱讀）

討論過三個問題之後，進入到國王求問隱士的段落。

7. 情境模擬 （結合科目：戲劇）

請大家各自找一個位置蹲下來，手持鏟狀，模擬國王挖土的情景，感受國王專注挖土的狀態。可以分享大家剛剛專注的感覺。

專注鏟土。

8. 繼續故事（結合科目：閱讀）

繼續說故事，在隱士對國王說：「你的問題已得到答案。」停頓，詢問大家有人體悟出答案了嗎？或有任何想法？

9. 結論

把托爾斯泰最後一段的結論說完，也許有的人在上一段的討論中已爬梳出結論，也或許有人有不同的想法。

10. 你最重要的東西是什麼？（結合科目：思考力）

雖然文學大師托爾斯泰道出了真理「活在當下」、「你當下相遇的人就是最重要的人」。但是，我還是希望每個人可以產生自己的想法，擁有自己的選擇。所以還是要請大家以靜像呈現，他最重要的東西是什麼，以作為此活動的結束。

最重要的東西──
思考、夢想、力量。

小叮嚀

Tip 1 盡量鼓勵每個人有自己的想法，沒有對錯，若一下子想不出來也沒關係，可以先跳過。

Tip 2 在進行最後的靜像呈現之前，若時間許可，最好是能以筆紙寫下自己「最重要的是什麼？」，因為書寫或畫畫也能幫助思考。

1.6

愛是我們的名字——《相握的手》

　　《相握的手》這個故事，從生命最初開始，父母對孩子的愛到朋友的愛，戀人的愛，夫妻的愛，直至垂垂老矣又將對於兒女、伴侶的愛轉化為對大地的愛、對生命的愛，牽手的故事不斷的延續下去。

　　這是由一雙手串起人的一生的生命故事。帶領者可以引導讀者用身體閱讀回憶或創造在人生不同的階段與最愛的人的記憶，例如最常跟家人做什麼事？最喜歡最美好的記憶是什麼？再來，最常跟同學玩的遊戲是什麼？未來希望跟你的愛人編織什麼樣的夢想？而現在，你有什麼夢想？

　　在繪本的第一段談到的父母與小孩之間的愛，也可擴及到家人親情之間的愛，除了跟家人一起玩一起生活的各種記憶之外，還可以回想曾經聽過什麼搖籃曲或難忘的歌謠。

　　第二段提到朋友之間的友情，除了用情境扮演跟朋友跟同學之間的記憶，還有一起玩的遊戲之外，書裡還提到了玩沙包，可以準備沙包給參與的人一起玩，丟接沙包這種訓練小肌肉的活動對於被3C產品淹沒日常的現代人來說，是很新鮮且很好的訓練遊戲，現代人已經很少有機會玩沙包，甚至都沒接觸過，每當我拿出沙包，不管是小孩子還是大孩子，都會顯得興致勃勃，網路上可以找到玩沙包的歌謠，甚至還可以讓大家分組發展傳統沙包可以玩出什麼新

花樣。

故事第三段進入人生另一個階段，與戀人與另一個伴侶的愛，繪本以倒地鈴的種子渾然天成的愛心圖案象徵愛情，引導者可以在野地找一些倒地鈴讓參與者玩玩，撥開蒴果發現裡面有幾顆愛心也是充滿驚喜的活動。

最後，故事走到人生的最後階段，我們可以反思，也可以引導尚在年少青春的孩子，好好思考這雙手要用來創造什麼樣的夢想，什麼樣的奇蹟？如同末段作者寫著：

有一天，

小寶貝長大的手，

也牽住了別人的手。

空出來的，我老去的手，

現在，

握住的是陽光，握住的是泥土，

握住的是，一大片繁麗的生命。

我們的雙手要握住怎樣的繁麗的生命風景呢？對我來說，寫故事、說故事，帶大家用身體玩故事，便是我能創造的奇蹟，便是我能握住的繁麗的生命風景，那你呢？

■ 文本

《相握的手》

洪瓊君 著，鄭桂英 繪，2024，星月書房。

■ 適用情境與對象

小一以上皆可參與，親子一起來玩這本關於「愛」的繪本更適合，我經常使用此繪本來帶幼兒親子活動，可以促進親子身心靈更親密的關係。但進階活動需要高度的即興能力和比較嚴密的組織能力，應用對象以青少年或成人比較適合。

■ 結合科目

1. 生活健康：透過記憶回溯，連結生活的娛樂活動。而這本繪本以愛及人生不同的階段為主軸，可以用來討論「愛」、「夢想」以及與手相關的主題。

2. 視覺藝術：畫下生活的足跡與夢想地圖，檢視過去，探索未來。

3. 表演藝術：透過即興表演挖掘深沉的潛意識、經驗和生命狀態，最後引導參與者關照自己的詮釋，加深對自我的了解。

■ 活動場地

室內戶外皆可。

■ 準備材料

色筆（蠟筆較好）、A4 紙。

■ **活動步驟**

1. 暖身（破冰、熟悉環境）

1. 空間走路

在活動空間中走路，分1到10的速度，1是最慢的速度，像太空漫步，2再快一點點，5、6是正常走路的速度，7、8就有點快走，到10就有點小跑步的速度了。可以橫著走、直著走、歪著走……但唯一原則就是不能碰到別人的身體。

持續走路，變換不同速度，慢慢加入指令。比如：用你的手肘跟別人打招呼、用你的屁股和別人打招呼、用你的腳掌和別人打招呼、用你的眼神跟別說：你好嗎？最後用你的手跟別人打招呼。

用不同部位和別人打招呼。

2. 邊講邊做

這是由一雙手串起人的一生的生命故事。可以從共讀文本開始→中斷共讀，進行活動→回到文本→中斷共讀，進行活動，依此模式循環。

Step 1（將學生依人數分組）（結合科目：生活健康）

a. 記憶的照片：以定鏡呈現跟家人一起玩的記憶。

用定鏡呈現生活的定格片段。

b. 生活定格：以定鏡呈現跟家人一起生活的一個片段。

c. 懷想曲：合唱一首小時候聽過的搖籃曲或難忘的歌謠（不需要唱完整，有喚起彼此的記憶和情感比較重要）。

Step 2（可延續前面的組別或重新分組）（結合科目：生活健康）

a. 玩遊戲：呈現一個常跟同學玩的遊戲。

同學常玩的遊戲。

b. 丟沙包：以傳統方式玩沙包。

c. 沙包新玩法：各組看看能否玩
出新玩法，再分組呈現，或教
其他組玩。

同學常玩的遊戲：丟沙包。

Step 3（可延續前面的組別或重新分組）

（結合科目：生活健康、肢體開發）

a. 愛的象徵：將事先收集好的倒地鈴果實分給大家，讓參與者把
飽滿的倒地鈴放至耳邊輕輕捏破，會聽到清脆的啵一聲，再剝
開果實來看看有幾顆愛心種子。若找不到倒地鈴亦可用照片或
投影片來介紹。

倒地鈴——
愛的象徵。

b. 菜籃和野菜：可以準備一些野菜和東部的「LV」，也可以請參
與者用身體做出一種野菜或蔬菜。

菜市場包包，對應
故事裡的場景。

c. 編織夢想——以定鏡呈現個人的夢想。

個人的夢想（老師、軍人、醫生）。

Step 4（結合科目：視覺藝術；與身體對話）

a. 我畫我手——以色筆在紙上畫下你的手（請勿以手按在紙上描繪，而是用眼睛觀察你的手畫出來），每一個手指頭代表你每個不同階段的成長歷程，你會想在每一隻手指中寫下你想對手（那個階段的成長歷程）說的話或以一個圖形來表示皆可。

b. 我的足跡——亦可畫腳掌，用顏色用文字在腳掌畫中描繪出人生的不同階段。

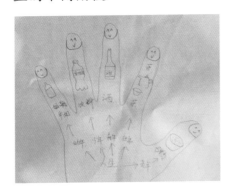
畫手。

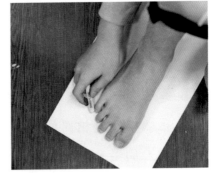
畫足跡。

c. 夢想地圖——也可將每一個小小的大大的夢想如書中的夢想星空那般畫在紙上連成一個地圖。

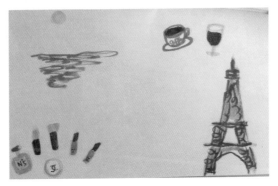
夢想地圖。

■ **進階活動：**（結合科目：表演藝術、語文）

1. 即興定格

a. 將參與者分成數組橫向排列，以不同身分從 A 點行進到 B
　　點，一次一組人同時前進，可從一、二、三木頭人開始，
　　抵達 B 點之後再從兩邊回到組別的最後一列。之後再變換
　　指令，例如：一、二、三～～嬰兒；一、二、三～～小朋友；
　　一、二、三～～青少年；一、二、三～～中年人；一、二、
　　三～～老年人。喊一、二、三時前進，身分指令出現時定格。
　　定格時要即興表現出該年紀身分的姿態體態，甚至能表現
　　出一種行為或明顯的動作、狀態以及情緒更好。

b. 進階指令：將指令汰換成出生→上學→戀愛→結婚→死亡。
　　雖然指令是相同的人生階段，但每個人的即興呈現會反映
　　個人的潛意識、經驗和生命狀態，最後可引導參與者關照
　　自己的詮釋，將會對自己有更深入的了解。

學生詮釋的人生四階段。

2. 人生畫像

分組以定鏡做出幾張有戲劇張力的畫面，例如：家人、朋友、
愛人；童年、成長、人生的最後等等。可以從記憶中選取畫面，
或是跟夥伴激盪出新的想法，然後再為該畫作命題。例如：有
一組學生做了一個跟父親伸手要錢的畫面，命名為：提款機。
還有一組學生做了三人並排背向觀眾站著，而被勾著肩膀的女
生卻跟另一男生牽手，命名為：背叛。還有一家人去釣魚、跳
海浪玩沙子的畫面，命名為：歡樂童年……

生命的進程——學步、讀書、生育、只有遙控器的老年。

Tip 可用音樂輔助，增加情緒的喧染，例如：在「即興定格」時，
可用輕快的音樂；在「人生畫像」部分則可用較柔和緩慢的音樂。

Chapter 2

用身體閱讀心靈

｜用身體閱讀閱讀心靈

二十多年教學生涯，我不斷嘗試把各種學科（勉強將之分類）融合在一起，不僅是滿足我喜歡變化創新的性格，也是在傳統教學中注入更多的生機活水，後來發現這樣融合的同時，也增加了學生學習的興趣，大大提高理解與吸收的效果。

寫作教學是我最早投入的教學領域，後來結合自然生態觀察，讓寫作教學更活化深入，生態觀察課程又融合很多體驗遊戲，在我設計的一百多種的生態體驗遊戲（收錄在《跟孩子玩自然》、《與孩子共享的 60 個自然遊戲》二書中），其中有很多遊戲已具備表演藝術的基礎與內涵。

後來，我主要的教學又增加表演藝術、閱讀、說故事……面對桀驁不遜、好動難馴的野孩子，又要兼顧團體學習、個別差異及秩序管理的大量活動，且肢體需要碰觸的課程，著時讓我頭痛不已。後來，我在每堂課的暖身加入引導式觀想、冥想、觀呼吸、兒童瑜珈……讓我發現愈難馴化且敏感的孩子，愈是有一顆易感的靈魂，原來看似強壯的軀殼都帶著很多難以覺察的傷。因此，我在表演藝術課帶入更多發覺自我潛能、與自我對話、觀照自己、培養自信、愛自己的能力的活動，這些融合不算是戲劇治療或藝術治療，卻可以是每天傾倒心靈垃圾、讓情緒有更多出口的活動——我發現這樣的帶領，學生人數再多，我都不需要生氣發火，也能讓孩子在激烈的活動之後安定下來，同時，更看見靈性活動與表演藝術

融合的重要性，因為小傷隨時處理掉，就不需要療癒；越小練就自癒的能力，就能處理更大的心靈傷口，也愈有智慧從創傷挫折中獲得禮物與祝福。

　　我經常在心靈閱讀的課程帶學生塗鴉，以不慣用的那隻手拿蠟筆在紙上亂塗，塗線條、塗顏色、隨便亂點……都可以。為何要用不慣用的手呢？因慣用的手是被意識支配的，不慣用的手的書寫塗鴉才會顯露潛意識。但很多人都會不知如何下筆，不只是大人，連七、八歲的孩子都會如此。絕大多數的人已經習慣思考要畫一個具體的東西，思考怎樣畫會好看一點，甚至還會思考構圖，但就是不會亂畫。所以當我這樣要求，在紙上亂畫，就會出現幾個狀況，有的人像猛獸出閘，興奮至極：「老師，真的可以隨便亂畫？！畫什麼都可以？！罵髒話也可以？！」——當然可以。有的人慢條斯理地一步一步享受解放的過程，有的人一邊嘗試「學習塗鴉」，一邊批判自己：「好醜，好難，我不會這樣畫……」也一定會有小孩愣在白紙前不知如何下筆：「老師，我不會亂畫。」聽到這樣的聲音，我總會感到心疼，為人父母都知道，每個小孩在學走學跳之後，都喜歡在你不讓他塗鴉的地方亂畫，而且他塗鴉底下創造的是一個又一個無限延伸的宇宙（當然，這個世代「含」著手機出生的小孩我就不敢肯定了）——塗鴉是人類的本能，怎麼才三、五年的光景就被我們徹底的遺忘了呢？我們在教育的體制內，要求不能亂畫、寫字不能超出框框，要乖乖坐好，不要亂動，不要說話……太多的制

約規範，連七、八歲的孩子都不知道如何解放了，即使只是簡單至極的塗鴉。遇到這樣的小孩，我會先等他，等他看見別人痛快地享受塗鴉之後，他就會想動筆，如果還是無法克服障礙，我會牽著他的手拿筆在紙上亂畫，就這麼簡單啊！屢試不爽，自由，很快就會在狂亂的塗鴉底解放開來，然後，孩子痛快的呼聲就此起彼落地炸開來：「哇！我自由了……我解放了……好爽啊……好快樂啊……隨便亂畫都不會被罵……弄到地板也不會被罵……」

有一次我在臺北帶領兩百人的身體閱讀活動，帶孩子以塗鴉表現情緒，一位在紙上畫滿壓力的小六女生，課後跑來排隊找我簽名、握手，還跟我說她最近壓力好大。那時，人群已散，我教她練呼吸與情緒塗鴉一起做，隔天她用手機寫訊息來，說她反覆做了幾回清理，非常有用。

「什麼感覺呢？」我問。

「放下了一些石頭。」小六的女生說。

好心疼，但也很欣慰她願意為自己尋求幫助。

我還想到有幾次到西部去帶都市的孩子做身體閱讀，有那種一來就擺臭臉、唱反調，完全的抗拒；有那種一再失序一再失控，或想引人注意或想表達抗議……的孩子，往往在課程進行半小時或一小時後就會開始喜歡上課，開始願意融入活動，甚至在做冥想的時候可以很安靜很投入，為什麼呢？從三十年的教學經驗中，我知道

這樣的孩子多半是被貼上醫學歸類的標籤，或者是課後假日都被各種課程填滿的忙碌小孩，所以我可以等，等他們願意加入。忘不了的是那個說大家都排擠他的孩子畫了一棵傷心樹，那個每次考九十幾分還會被罵被打的孩子畫了一棵平安樹……

　　回到偏鄉，天地開闊了，孩子就更快樂了嗎？從基本的家庭結構看來，偏鄉的孩子面臨的是課業之外另一種壓力，來自經濟弱勢、文化弱勢、家庭殘缺等等的壓力，還有功課很爛自我否定的壓力。我在偏鄉學校、部落的身體閱讀課程，帶入情緒療癒的活動，孩子們從中抒發的壓力與負面情緒不亞於城市的孩子。

　　情緒釋放，幫壓力尋找出口，等到成人時才尋求協助，那已經累積了多少不堪負荷的重量！孩提時候就需要情緒釋放，幫壓力尋找出口，但我們正規的教育很缺乏這一區塊的經營。而缺乏自我關照、愛自己的能力更導致欠缺同理心、如何與他人溝通的能力與方法，這也是我這幾年大力推展心靈閱讀的原因，我們更多的需要是超越知識超越現實的與自己的內在對話的路徑，從而找到快樂活著的義意與動力。

2.1

閱讀手的故事——《手不是用來打人的》

　　我拿著這本年齡層設定在幼兒階段的書跟四、五年級的孩子說：「這是給幼兒看的書。」學生叫得很大聲：「老師你把我們當幼稚園的喔！」我說：「在我的身體閱讀課，什麼書都可以讀，再無趣的書都可以玩得很有趣。」

　　這本書從很多面向切入思考，我們的手，可以做什麼樣的學習？數數、繫鞋帶、畫畫和提問題……有什麼樣的藝術創造？吹口琴、做手工、創造節奏……有什麼樣的情感表達？抱抱你的枕頭、打招呼、握手、擁抱……還可以玩什麼樣的遊戲？吹泡泡、玩泥巴、扮鬼臉、玩手影……更可以怎樣的照顧，自己與別人？用手穿衣服、洗臉、梳頭髮、刷牙和關燈等等。

　　我們這堂身體閱讀就來好好閱讀我們的手吧！暖身先從打招呼開始，用不同的部位打招呼，再用手打招呼，可以揮手可以擊掌可以拱手、握手、甚至擁抱……接下來和別人比比手掌的大小，才發現身高不一定和手掌大小成正比，甚至有小學生的手比成人的手掌還要大！

　　接下來進行個人的發想創造，手可以做什麼家事？可以做什麼樣的學習？可以做出什麼樣的藝術創造？孩子們用身體模擬雕刻家、畫家、音樂家、陶藝家、作家、舞蹈家、書法、建築、蠟染……顯現平日豐富的藝術學習經驗。手還可以玩什麼遊戲？這是孩子的

最愛，教室裡瞬間充滿歡笑玩樂的聲音——剪刀石頭布、比腕力、比力氣、抬轎子、黑白猜、倫敦鐵橋垮下來、翻跟斗……通常，我會跟孩子們玩一種遊戲「永不放手」，糾結再解開，糾結再解開，孩子更是玩到不想停下來。

　　從個人發想到一起玩遊戲，再來就要擴大到集體編創的活動——我們這雙手除了可以照顧自己，還可以怎樣照顧別人？可以加入對話與簡單的情節，第一次上我的身體閱讀課也無戲劇經驗的孩子，通常想的簡單些，有人跌倒扶他到保健室；有人哭了，拍拍他的肩膀安慰他；有人累了，為他搥背按摩；老人家要過馬路，可以伸出手來攙扶他……若是我的舊學生，有戲劇經驗的，自然而然會為自己添加對話與較豐富的情節。有一次，接近中秋節，學生竟然演出送禮給獨居老人，除了言語慰問老人之外，還幫獨居老人打掃家裡——這樣的綜合練習，包含了簡單戲劇的所有元素，人物、對話、走位與情節。

　　另外也可進行說演手的故事，用雙簧，用說演故事，甚至用簡單的口語分享關於手的故事，若是親子活動還可以家庭分組，彼此分享跟自己有關的手的故事，也可以是透過手連結的人與事，最後再以說演故事的方式呈現每一組手的故事。我們看到了哥哥帶弟弟妹妹演出自己到外地打工時手受傷的故事；媽媽旁白小孩演，媽媽不停工作的勞動的手的故事；爸爸和小孩合演，一起耕種、一起玩耍、一起做陷阱的故事……（這部分亦可留在閱讀手、畫手寫手的活動之後）。

進行一連串自微小到巨大的動態的身體閱讀之後，再回到自身，靜觀雙手與手對話。好好的閱讀你的手，觀察它，畫下來，感謝它的存在與工作，陪伴你、幫助你，甚至可以散發你的愛對這個世界有所貢獻，而，除了感謝，還有什麼話想對你的手說呢？寫下來。

　　這一系列完整的身體閱讀活動，我們可以跨越各個年齡層，找來類似這樣主題的幼兒書，可以玩得不亦樂乎，玩得很有故事。

　　最後，我們還要討論這本書另一個重點──《手不是用來打人的》，手除了創造正面、積極的事物，也可能造成自己及他人的傷害，要如何避免，練習書中的方法，溫和地表達自己的感受；常常跟自己的手說話，說正面溫暖的話；練習正面的手勢，舉起大拇指，肯定自己讚美他人；比出和平、愛的手勢，讓我們的雙手創造美麗、溫暖的故事。

■ 文本

《手不是用來打人的》

瑪丁妮・阿加西 著，陳薇薇 譯，2014，北京市：新世界。

■ 適用情境和對象

延伸活動適用於各個年齡層。可以作為一連串由淺入深，從觀念建立、創意發想到自我對話層次的課程。

■ **結合科目**

1. 暖身：以「手」這個身體部位為主題，延伸各種與手相關的動作與聯想。

2. 合作學習：透過「永不放手」這個活動訓練空間邏輯、記憶力以及合作力。

3. 語文課：透過故事編創增進語言表達和寫作力。

4. 表演藝術：透過說演故事訓練專注傾聽、記憶力、重述表達能力。

5. 心靈對話：透過畫手過程檢視成長的歷程與自我對話。

■ **活動場地**

寬敞的可做地板動作的室內空間。

■ **活動材料**

色筆（可共用）、A4 紙（一人一張）。

■ **活動步驟**

1. 暖身

做做看——我們的手可以用來做什麼？

1. 打招呼（有多少種打招呼的方式？），揮手、招手、握手、擁抱及其他手勢等等。

用手打招呼的不同方式。

2. 做什麼樣的家事？（用動作表現出來。）

用手做家事。

3. 雙手可以創造出什麼藝術？（例如：彈鋼琴、拉小提琴——創
   造音樂、捏陶土、畫畫——創造藝術作品……用動作亦可加上
   聲音表現出來。）

用手創造藝術。

4. 手可以做什麼樣的學習？

（例如：學數數、綁鞋帶……用動作表現出來。）

5. 雙手可以做什麼樣的運動？

（可以兩人一組，打隱形球或無實物動作的運動。）

手可以做什麼樣的學習。　　手可以做什麼樣的運動。

6. 雙手還可以玩什麼樣的遊戲？（可以兩人或三人一組。）

手可以做什麼樣的遊戲。

7. 雙手可以比出什麼樣不友善的手勢？（例如拇指向下、比中指……）雙手又可以比出什麼樣友善的手勢？（例如：姆指向上、愛的手勢、勝利的手勢、和平的手勢……）手勢是培養社會關係的關鍵，可以跟學生討論不友善的手勢和友善的手勢給人的感覺。

手可以做友善
不友善的動作。

2. 合作學習

永不放手——

1. 將學生隨機分組，約五、六人一組。每組選一名自願者，請自願者出列並閉上眼睛，其他一名組員則牽起該組自願者的手，慢慢交織成某種形狀。做法是不和身邊的人握手，而是跨過或鑽過行列與另一邊其他兩人的手緊握。

2. 給學生約 30 秒的時間牽手編織形狀，若時間太長會讓學生的手抽筋或受傷或手滑讓隊伍斷掉。也要提醒學生避免不當扭曲而讓別人受傷。

3. 自願者張開眼睛，在一定的時間限制裡，以不破壞手臂連
　結為前提，解開編織變成圓圈。

「永不放手」這個活動不
僅考驗空間邏輯、記憶也
需要大家的通力合作。

3. 故事編創（結合科目：語文）

伸出援手——將學生隨機分組，約四、五人一組，合作編創一
個簡單的故事，最好是曾經發生在自己身上的真實故事的改
編，也可以編新的故事，一個關於我們這雙手除了可以照顧
自己，還可以如何照顧別人的故事。可以加入對話與簡單的情
節。

演手的故事。

4. 說演手的故事（結合科目：表演藝術）

1. 好好審視自己的手，它有什麼樣的故事。

2. 兩人一組，A 以兩分鐘向 B 述說關於他自己手的故事，B 只能傾聽，不能插嘴。

3. 時間到。換 B 向 A 述說他的手的故事。一樣是兩分鐘。A 同樣只能傾聽，不能插嘴問話。

故事呈現——兩種方式，擇一呈現即可。

（1）說演故事：A 以第一人稱說 B 的故事，B 來演出自己的故事。再換 B 以第一人稱說 A 的故事，A 演出自己的故事。

（2）演雙簧：拿兩張椅子前後擺放。A 坐在前面，雙手交叉背在後面，B 坐在後面，兩隻手穿過 A 交叉的雙手，成為 A 的手，A 以第一人稱說 B 的故事，B 以手勢輔助表演。然後交換腳色。

交換說演故事。

演雙簧。

小叮嚀

Tip 1 可與學員討論，這活動訓練到那些能力，例如專注傾聽、記憶力、重述表達能力……

Tip 2 不管是一人說一人演或是演雙簧，可用在任何題材的說演故事上。

5. 我畫我手 （結合科目：與身體對話）

以色筆在紙上畫下你的手。每一個手指頭代表你每個不同階段的成長歷程，你會想在每一隻手指中寫下你對手（那個階段的成長歷程）想說的話或以一個圖形來表示皆可。

小叮嚀

Tip **請勿以手按在紙上描繪，而是用眼睛觀察你的手畫出來。**

圖文創作與自我對話。

6. 愛的手勢

手能傷人也能愛人，可以破壞也可以守護，端看雙手的主人如何使用它。讓我們再練習一次友善的手勢，讓雙手成為正面的、愛的傳遞，然後擁抱彼此，說聲謝謝。

比讚的手勢。

2.2

改變慣習——《我絕對絕對不吃番茄》

　　查理和蘿拉是一對感情很好的兄妹，妹妹蘿拉十分挑食，很多食物都不吃，有時候爸爸媽媽會叫哥哥查理哄蘿拉吃東西，但那是很困難的任務。這天查理用了非常有創意的方式，誘導蘿拉吃下她平時最不喜歡吃的食物，查理把紅蘿蔔說成來自木星的橘樹枝，把豌豆當作天空的綠雨滴，馬鈴薯是產自富士山的雲泥，炸魚排成了海洋零食……查理藉著幻想遊戲，不僅引發挑食的蘿拉對於食物的興趣，後來甚至跟著哥哥一起玩幻想遊戲，把她最討厭吃的番茄喚作「噴水月亮」，而且主動要求要吃番茄呢！

　　每一次我說演《我絕對絕對不吃番茄》這個故事，都會一人分飾兩角，戴上帽子角色就轉換為哥哥查理，脫下帽子綁了小辮子的我就是妹妹蘿拉，在變換聲音動作情緒的角色扮演過程，聽故事的人總是聚精會神且笑聲不斷。故事中提到的食物，我會以實物或其他相似的替代品來演示，大多會是植物的果實種子。故事末了，我拿出真的番茄來，大家都會爭相搶著要吃，甚至連不敢吃、不喜歡吃番茄的孩子，也都會願意嘗試吃一顆看看，還有很多次聽完故事，孩子們紛紛衝上前來，要咬一口我剛剛說故事時咬了好幾口的紅蘿蔔（橘樹枝）。

　　一個故事並非能馬上改變個人的信仰、習慣和喜好……但，一定能讓讀者打開視野，甚至願意打破慣習做新的嘗試。

■ 文本

《我絕對絕對不吃番茄》

羅倫・柴爾德 著，賴慈芸 譯，2007，臺北市：上誼文化公司。

■ 適用情境和對象

此活動適合在親子活動或小學階段的孩子。特別是討論飲食習慣、均衡營養等問題時。

■ 結合科目

1. 表演藝術：透過身體做不同造型、形塑成不同食物，開發身體。

2. 健康：透過腸胃扮演遊戲，討論飲食習慣對胃所造成的問題影響。

■ 活動場地

室內或戶外皆可。在戶外，最好能鋪軟墊進行活動。

■ 活動步驟

1. 暖身

1. 請大家圍成半圓形。由老師先示範口訣：「我絕對絕對不吃 XX」。

2. 指定一位學生，並要其在 3 秒鐘內說出自己的「我絕對絕對不吃 XX」。接著請他指定下一位同學，以此傳遞下去。以此導引出本次的繪本名稱：「我絕對絕對不吃番茄！」

圍成半圓形，一個個說我絕對不吃什麼。

2. 超級變變變 （結合科目：肢體開發）

1. 大家散開，聽從指令用 1~10 不等的速度在空間走路，探索身體和空間的關係。（1 是最慢的速度，依序遞增，10 是最快的速度。）

2. 聽老師的指令，當老師喊「1、2、3，變○○」（動物或植物、食物或是其他物品），所有人就停格，作出模仿的動作。

超級變變變，用身體變出不同造型或任何生物。

3. 當老師喊「Huggy 2」，兩個人就抱一起，「Huggy 3」，就要三個人抱一起。老師會說：「我們是個團結又相親相愛的班，所以不能有人落單，如果人數超過，要把人藏好，不可以給我看到。」

Huggy 遊戲。

小叮嚀

Tip 活動指令會像是「Huggy 數字、「變○○」（動物或植物、食物或是其他物品）等等。

3. 肚子餓了吃什麼？（結合科目：表演藝術）

將學生分組，請每一組合作用身體塑造出一種食物（亦可加入聲音和動作），並為該食物取一個有創意的名字。

分組作食物。

小叮嚀

Tip 1 在說出創意食物名稱之前，先讓其他人猜猜看該組做的是什麼食物？

Tip 2 若時間允許，可以再做一次。

4. 腸胃扮演遊戲 （結合科目：生活）

1. 將學生分組，分別扮演食物、嘴以及胃。
2. 以不同食物的扮演，讓學生試想嘴與胃的不同反應。
3. 與學生討論飲食習慣對胃所造成的問題影響。

做嘴、食物和胃。

5. 綜合討論

1. 分享自己不喜歡或最喜歡的食物。
2. 分享當自己遇到不想吃的東西時要怎麼辦，家長會怎麼處理？
3. 「挑食」的壞處？「飲食均衡」的好處？
4. 分享關於吃東西印象深刻的經驗。

6. 結尾儀式

1. 由老師先示範口訣：「我絕對絕對要吃 XX」，XX 是之前自己說不吃的東西。
2. 指定一位學生，並要其在 3 秒鐘內說出自己的「我絕對絕對要吃 XX」。接著請他指定下一位學生，以此傳遞下去。

圍成半圓形，一個個說我絕對要吃什麼。

2.3

勇敢傳說——《火童》的試煉

很久很久以前，天神收走了哈尼人的火。寨子裡的少年明札問祭司「為何天神要收走我們的火？」祭司認為是人類做錯了事才會遭受沒有火的黑暗、寒冷、恐懼……的懲罰。

十七歲的明札自告奮勇要去向天神取回火種，於是老祭司給了明札一把金竹弩、一口袋家鄉的泥土和一葫蘆家鄉的泉水，指出天神的居所，讓明札上路了。

路途中，明札給了火燙大地裡的乾渴老樹椿家鄉的泉水，老樹椿因而長出了嫩芽，老樹椿知道明札要去找天神要回火種，這是凡人無法完成的事，所以透過大地暖暖地傳遞給明札樹的堅忍。

明札繼續上路，在進入風雪席捲的峽谷中，遇見被天神冰封在瀑布裡的溪水女神，女神勸他不要再往前走，因這山谷已沒水的流動，只有無止盡的冰風暴。明札取出家鄉的泥土拋灑向啞口。泥土迅速生長，頃刻間將啞口填塞，讓風雪瞬間停止。溪水瞬間奔騰流淌，為感謝明札將自己從禁錮中解放，溪水女神鼓動浪花，將明札托起，對明札說：「水雖柔軟，卻能穿透堅硬的岩石。」於是明札感受到一股暖融融的力量湧進身體，感覺渾身是力。

到達山腳下，明札正躊躇不知如何攀上山峰，出現一隻小羚羊，小羚羊刻意領路，明札跟隨小羚羊爬到一扇緊閉的石門前，小羚羊突然開口跟明札說，通向山頂的金階就在裡面。原來小羚羊原

是山林的女兒，她的家園原來有著老樹樁的森林和有溪流的山谷，但森林後來被雷劈，溪流被冰封，早已荒蕪。

小羚羊警告明札即使進得了關閉的石門，一路上也還有重重機關，明札心意篤定，於是拿出金竹弩搭上一只金箭射向石門。霎時碎石崩飛，露出金色臺階。明札沿階而上，突然，金階已盡，前方是萬丈深淵，且山壁上還掛著一個碩大的毒蜂巢。明札拿出金箭射下蜂巢，數不清的毒蜂蜂擁而上毒針刺入明札的身體，明札對自己說：「我有樹的堅忍，能挺過去。」這樣一想，疼痛立刻消失，毒蜂群也瞬時化為片片金磚，鋪成道路，連接到山頂。

明札繼續前行，前方出現兩隻石犀牛不斷相互撞擊，明札要找到空隙衝過去，卻不偏不倚被兩隻石牛夾在中間，明札雙手握住牛角，身體湧出水的力量，綿綿不絕，竟然將兩隻石牛推開。

金階的盡頭，是豎井一樣又陡又直的山壁，小羚羊只能陪明札走到這裡，明札將金竹弩的弦拉滿，用石塊架住，箭尖指向上方，請小羚羊輕踢板機，金箭離弦的瞬間，明札抓住了箭桿，直直飛進神的住所。

明札見著了天神，火種猶如旋轉的火球，在天神的胸口燃燒。明札一路的冒險，天神都看在眼裡，天神斥怒人類自以為高於萬物，因而收走火種，讓人類體會沒用過火的動物如何生活。明札抗議人類沒動物的毛皮可取暖，沒爪子和牙齒可捕獵，當然需要火種。因此明札爬上天神的胸口，靠樹的堅持忍受灼燙，又用溪流的力量，猛地將火種摘下。

　　天神從鼻子裡「哼」了一聲，火種便熄滅了。天神認為明札雖然勇敢，但仍違背祂的心意，因此要明札離開。但明札心裡打定主意，請求天神將他變成火。他說：「神熄不滅凡人的火。我會讓寨子裡的人知道，怎麼使用火才能和萬物一起生活。」

　　神答應明札的請求。一路上，一再給予明札考驗，讓他經歷成長，即是為了在人間選出火的傳承人。從此，哈尼族人愛護火，善用火，崇拜火。他們給火取了一個名字，叫做：明札。

　　這是一個以火的傳說講述勇敢，突破自我為人類犧牲的神話，也包含了環保意識與人定勝天的謬誤思考的議題。透過一連串的身體閱讀，讓參與者發揮創意、開發肢體，在遊戲過程中收集到的小卡片，也是為自己贏得力量的祝福。同時，也在情境搬演中讓參與者更深刻地討論這個故事隱含的關於環保、關於人類的高傲、關於勇氣等等議題。

■ 文本

《火童》

向華 改編，2015，北京市：北京聯合。

■ 適用情境和對象

1. 此系列身體閱讀可放在營隊訓練或大地遊戲，或者訓練團隊合作以及身體開發的目標上。

2. 較適合活動力強的年輕學習者。

■ 結合科目

1. 視覺藝術：裝扮英雄、創造天神、製作給予英雄力量的卡片等等，都是視覺藝術的陶養。

2. 表演藝術：讓身體模擬雪花、種子發芽、動物等，都是表演藝術的開發。

3. 生活：討論人類對於生態環境造成的威脅、破壞，並創造善待自然資源的環保生活。

4. 健康與體育：前線支援、突破重圍等活動都是體力與身體敏捷度的訓練。

■ 活動場地

寬敞的室內空間。在安全的自然環境更佳。

■ 材料

1. 第一階段：筆、雙面膠，剪刀、小卡片或是 A4 紙裁剪成小卡片。

2. 第二階段：輕柔的布料、筆、雙面膠，剪刀、小卡片或是 A4 紙裁剪成小卡片。

3. 第三階段：A4 紙（一人至少一張）、色筆（可共用）。筆、雙面膠，剪刀、小卡片或是 A4 紙裁剪成小卡片。

3. 第四階段：蒙眼布（也可用口罩代替）、障礙物（現場取得）。報紙、廢紙、紙袋或布等等。

■ **活動步驟**

1. **第一階段**（結合科目：健康與體育、視覺藝術、表演藝術）

　1. 自告奮勇：將所有參與者等分成數組，每組選出一個自願者，扮演明札的角色。

　2. 前線支援：請各組組員在限定時間內，例如三分鐘，支援明札尋找天神的裝備——一把金竹弩、三支金箭、一口袋的泥土、一壺家鄉的泉水、頭巾或帽子……所需物件可用任何形式包括繪畫或利用其他現場可用的材料來代替，亦可利用其他物件裝扮主角明札。

　3. 英雄的裝扮：準備一些材料，讓組員裝扮明札。材料：回收紙、紙袋、布、報紙……

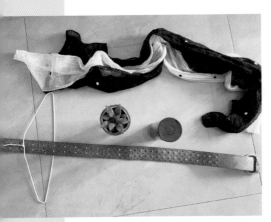

支援明札的各項物品。　英雄的裝扮。

4. 新芽：每個參與者，蜷縮在地上，模擬種子在潮濕陰暗的地底下等待發芽。亦可在學生身上裹住綠色彈性布，感受種子在土裡掙扎的情境。老師以藍色布或手勢做澆水狀，讓種子突破泥土生長、發出新芽。

引導者在參與者身體裹上綠色彈性布，讓參與者感受種子在土裡掙扎的情境。

5. 給予力量：分給每位參與者各兩張小卡片，請各組參與者在卡片上各寫上一種樹的正面特質，例如堅忍、強壯等等，背面貼上雙面膠，一張小卡片貼在明札身上，另一張與其他人交換，再將換來的小卡片貼在自己身上。

交換樹的正面特質。

2. 第二階段（結合科目：視覺藝術、表演藝術）

1. 雪花片片

（1）讓所有參與者運用肢體創造出各種形狀的雪花。

（2）讓小組競賽，各組成員運用肢體彼此合作共同創造出形狀各異的雪花。

用珍珠紗做雪花。

分組合作做雪花。

小叮嚀

Tip 也可用較輕柔的布，例：珍珠紗作為輔助道具，配合身體的動作模擬雪花。

2. 冰雪融化

（1）用肢體模擬從冰風暴到結凍的冰再慢慢融化成流水的過程。

（2）若人數不多，可準備珍珠紗或短布，一人一條，作為道具。同樣地用肢體模擬從冰風暴到結凍的冰再慢慢融化成流水的過程，同時用布做輔助。

以珍珠紗輔助，模擬雪花紛飛或融化。

（3）給予力量

　　分給每位參與者各兩張小卡片，請各組參與者在卡片上各
寫上一種溪流的正面特質，例如自由、可柔軟可剛硬、適
應力強等等，背面貼上雙面膠，一張小卡片貼在明札身上，
另一張與其他人交換，再將換來的小卡片貼在自己身上。

貼水的卡片。

3. 第三階段（結合科目：視覺藝術、表演藝術）

動物化身

1. 發給學生一張 A4 紙及色筆，請學生在紙上畫出一種自己覺得最特別、最神秘、最有力量或是最喜歡的動物。

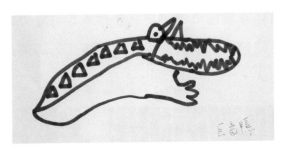

畫動物。

2. 運用肢體定格表現出該動物的樣貌→加入連續動作→再加上聲音→做一件該動物會做的事等等。

3. 發給每位學生一張小卡片，請各組學生在卡片寫上一種他所畫的動物正面的特質，背面貼上雙面膠，再將小卡片貼在自己身上。

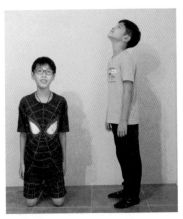

表演動物。

畫動物特質。

4. 第四階段（結合科目：視覺藝術、表演藝術、健康與體育、生活）

1. 突破重圍

所有人圍成一圈（若人數眾多即可圍成內圈、外圈），雙手拘在一起，模擬蜜蜂發出單調的嗡嗡聲，並讓圓圈如石壁堅不可破，扮演明札的夥伴在圓圈之中，彼此合作或各自努力想辦法衝出重圍，可限定時間，能衝破圓圈者則獲勝，若時間到仍未能衝出圓圈則被淘汰。

小叮嚀

Tip 只可用整個身體來擋或衝，不可單獨使用其他肢體，避免受傷。

突破重圍。

2. 魔鬼的聲音

讓明札蒙上眼睛，在活動現場取得一些障礙物，例如椅子或書或其他物品，排列成一行，障礙物之間要有間隔，該組組員與其他組的組員排列兩側，該組組員要指引明札通過障礙物，而其他組員則要發出各種聲音干擾明札通過障礙物。

魔鬼的聲音。

小叮嚀

Tip 指引明札前進的組員用言語明確指示，而干擾的其他組員只
能發出聲音不能有明確的語句。

3. 天神現身

請各組參與者利用各種再生材料，例如報紙、廢紙、紙袋或
布……創造出一個令人畏懼的天神。同時為天神編寫一句臺
詞。選出最有創意的天神。天神還要在各組面前繞一圈，在天
神解體之前，看誰的裝扮撐得久就獲勝。

天神現身。

4.不滅的火

經過討論、編排，各組表現出一種火與萬物一起生活，或是人類如何利用火的情境。可加入臺詞、故事情節。

人類如何利用火。

5.環境議題

（1）和學生討論，火童一書中提到人類對於生態環境造成哪些威脅、破壞而觸怒天神收回火種？

（2）和學生討論，要如何善待自然資源，創造環保的生活。

（3）請各組創造出一種善待自然資源的環保生活情境，可用靜像或者情境劇來呈現。

創造出一種善待自然資源的環保生活情境，可用靜像或者情境劇來呈現。

小叮嚀

Tip 分組的方式很多種，除了讓學生自己找組員之外，也可以用報數的方式，報的數是分組的數，讓報同樣數字的人分在同一組。還可以請大家舉起右手或抬起左腳然後找一個數字的人湊在一起（視一組的人數而定），這樣的分組也很自然。

2.4

分享愛的——「彩虹湯」

　　這個身體閱讀是以強‧穆特的《石頭湯》的故事版本發展的活動。故事裡三個和尚翻山越嶺來到長年被飢荒、洪水和戰爭肆虐的一個小村莊，村莊裡的人疲憊不堪，早已失去對人的信任和熱情。三個和尚一間間地敲村人的門，都沒人願意搭理。和尚想讓這群失去快樂的村民見識如何煮石頭湯。

　　故事接下來，因為一個小女生的好奇觀望，甚至願意分享家裡的大鍋子來煮石頭湯，而引發更多村民的好奇，到後來村民們一個個回家拿出各種調味料、菜蔬和其他配料……一起參與煮一鍋石頭湯，湯煮好了，大夥還點了燈籠，擺上長桌，齊聚一塊兒吃飯。記憶裡，已經很久很久沒有像這樣聚在一起享用大餐了。

　　盛宴過後，大夥兒說故事、唱歌，演皮影戲，一直到深夜。村人們不再鎖上門，甚至主動邀請和尚們到家裡住。

　　一個溫煦的春天早晨，在柳樹下，村民們依依不捨跟三個和尚說再見。臨別時，和尚們讚許村民是最大方的人，村民卻謝謝和尚送給他們的禮物，讓他們永遠富足，因為和尚讓他們懂得了「分享」讓人更富足。

　　「但還要想一想，快樂就像煮石頭湯一樣的容易啊！」和尚們的聲音迴盪在春光底。

「石頭湯」是歐洲家喻戶曉的民間故事，在各國流傳著不同的版本，而臺灣也翻譯了好幾個版本，在繪圖方面，強‧穆特的《石頭湯》是我比較喜歡的版本，富禪意且寓意鮮明的中國水墨畫風，人物表情也表現得鮮活，我通常會請學生先練習簡單的情緒表達之後，再揣摩繪本中提到的各種不同職業的村民所表現的情緒和姿態，當然，共讀繪本時會先討論我們解讀到的人物情緒是什麼？例如：嚴肅的、冷漠的、驕傲的、鬼鬼祟祟、不信任的、瞧不起人、勢利眼的……這些情緒比基本的喜怒哀樂包含更多複雜的想法和價值觀。孩子們都非常喜歡這種揣摩，因為現實當中這類負面的情緒和特質通常是被壓抑的，而戲劇提供我們一個安全的釋放和轉移。接著我會以「老師入戲」，把故事改成老婆婆進到村莊，我披上頭巾扮演老婆婆，請學生們自選一種職業或身分，並且找一種無實物的動作來扮演，當我餓著肚子去跟大家要食物的時候，大家都要拒絕我，這時候就會看到每個人即興發展出各種不同的臺詞、說法與態度來拒絕我。然後，我就拿出一個容器，通常是一個藤籃假裝是鍋子，對著大家說：「那我來煮我媽媽教我的彩虹湯好了。」這時，孩子們的目光都會聚焦過來，當我說：「嗯！我需要紅色」時，馬上就有人爭先恐後去找這空間裡可以拿到的紅色物品給我，接著整個彩虹的顏色都在孩子們過於熱情的刮搜中收齊。我假裝在鍋子裡攪啊攪！然後，湯煮好了，就把藏在籃子裡的彩虹糖拿出來分享給學生，而且一人一包，大家都高興地驚呼起來，連大人也會如此反應。

　　最後，我會跟學生討論前面那種拒人於千里之外和後面與人分享的感覺有何不同？那麼，你能跟大家分享的是什麼？可以是有形的也可以是無形的，例如：笑容、溫暖、擁抱或糖果等等。

　　這樣的身體閱讀，不只是「老師入戲」很吸睛，同時在自然的情境中讓學生進入故事的角色扮演，參與戲劇演出，不僅充滿魔力，也讓人更能同理故事的情境與角色的心境。而這個課程教案的雛型是學生期末作業的呈現打動了我，經過我的實驗改良更加完整，這是教學相長的最大收穫。

■ 文本

《石頭湯》

強‧穆特 著，馬景賢 譯，2009，臺北市：小魯文化。

■ 適用情境和對象

1. 《石頭湯》此繪本透過「分享」讓互不相往來互不信任的村民找回了快樂，也體會到「分享」讓人更富足的真諦。透過身體閱讀更深刻體會故事要傳達的寓意。

2. 從小學生到成年人都可以做這個身體閱讀的活動。

■ 結合科目

1. 表演藝術：本系列延伸活動都可訓練情緒表達與身體作為食物的造型變化。

2. 心靈閱讀：本堂課的主題是讓人體會到分享的快樂，擁有富足的心靈，並練習各種情緒的表達。

■ 活動場地

室內戶外皆可。

■ 材料

籃子或箱子或其他比較大的容器。小木棒。彩虹糖（依人數而定）。色筆（可以共用）。A4紙（一人一張）。

■ 活動步驟

1. 情緒暖身（結合科目：表演藝術）

（1）請參與者在活動空間散開來，打開手臂前後左右掃一下，以不會碰到其他人為準。然後，做三次木頭人，每一次都要不同方向不同高低水平。

一、二、三木頭人。

（2）練習開心、悲傷、生氣、快樂得不得了的情緒表達。每個
　　人站在自己的位置上，從表情→加動作→加聲音→加臺詞
　　的順序發展。可以同時做練習，最後再找幾個人做給大家

情緒表達。

（3）進階練習更複雜的情緒和感覺的表達，例如：羨慕、忌妒、
　　自卑、驕傲、冷漠、熱情、意氣風發……

進階情緒表達——炫耀與嫉妒。

2. 進入故事

有時我會整本故事說完再來做身體閱讀活動；有時我會在暖身之前或暖身之後開始讀繪本，然後停在某一個段落，邊講邊作。整個身體閱讀活動結束後，再回過頭來導讀繪本的細節與結尾。若時間不夠，就讓身體閱讀活動引發閱讀的興趣，通常學生都會去找玩過的繪本來閱讀。

說故事。

3. 情緒揣摩 （結合科目：表演藝術）

（1）討論故事裡最初每種職業的人身體的姿態和表情透露出什麼樣的情緒和感覺。

（2）讓學生揣摩故事裡出現的角色的動作與情緒。

學生揣摩故事裡出現的角色的動作與情緒。

4. 老師入戲（結合科目：表演藝術）

（1）老師準備一條圍巾包在頭上，跟學生說：「當我包上這個
　　　頭巾，我就變成老太婆了，又餓又渴，等等會跟你們要
　　　食物或敲你們的門，你們都要用各種方法拒絕我啊！」
　　　然後可以編造一些臺詞，開始「老師入戲」。

（2）每個人自選一種職業或身分，決定自己當下在做什麼活
　　　動，當老師扮演的老婆婆去找你或敲你的門，要跟你要
　　　食物或水時，你要拒絕她。

學生扮演不同身分拒絕老太太。

5. 煮一鍋彩虹湯（結合科目：表演藝術）

（1）老婆婆拿出一個容器，通常是一個籐籃假裝是鍋子，對著大家說：「那我來煮我媽媽教我的石頭湯好了。」此時，學生的目光都會聚焦過來，老師扮演的老婆婆可以引導學生回到文本，讓學生做出各種食物的造型（村民提供的食物）。

（2）待大家都提供食物了，老婆婆再說：「嗯！這個石頭湯再加上彩虹的顏色，就變成彩虹石頭湯了，我需要紅色，誰有紅色可以給我啊？」馬上就會有人爭先恐後去找這空間裡可以拿到的紅色物品給老婆婆，接著老婆婆再提出彩虹的其他顏色的需求。然後拿木棒在鍋子裡攪動！等湯煮好了就把藏在籃子裡的彩虹糖拿出來分享給學生，一人一包。拿到禮物的人都會非常驚喜呢！

老太太在籐籃裡煮石頭湯，裡面有彩虹色的用品。

6. 分享禮物（結合科目：視覺藝術、表演藝術、心靈課程）

（1）跟學生討論故事開頭那種拒人於千里之外和之後與人共享的感覺有何不同？那麼，你能跟大家分享的是什麼？可以是有形的也可以是無形的，例如：笑容、溫暖、擁抱或糖果等等。

（2）可以把要分享的禮物畫在紙上或是以定鏡的動作呈現出來。

定鏡做出想與世界
分享的事物。

小叮嚀

Tip 1 我經常會隨機挑選繪本中不同的元素與孩子即興扮演，譬如這故事裡三個和尚要進入村莊之前繞過大山，還說著貓鬍鬚的笑話……我就會讓孩子分組，集合成大山，當我飾演的老太婆爬過一座一座山時，每一座山都要跟著我的節奏上升下降甚至繞圈圈……然後，瞬間再集合成一隻有鬍鬚的大貓等等——這種即興，會讓孩子玩到瘋狂，但又可以馬上安靜下來繼續聽故事，「遊戲」讓你可以完全掌控孩子的學習節奏，因為他們很好奇也充滿期待接下來你還會下什麼指令，讓他們狂熱地投入。

Tip 2 除了身體閱讀的活動之外，不要忘了回到繪本觀看圖畫裡豐富的圖像和蘊含的符號。

2.5

轉化忌妒——《親愛的，你也很棒》

　　這個故事開頭就說：「賈馬爾是一隻綠眼睛的小恐龍，他總是忌妒別人。他越忌妒別人，眼睛就越亮。」他忌妒弟弟在逃生比賽中有高超技藝，他忌妒朋友有高檔單車，他只有滑板，他還忌妒別人假期比他多……故事說到這裡，我總會停下來問問聽故事的人：「忌妒是什麼樣的感覺？又，如果你是賈馬爾，你會怎麼處理忌妒的情緒啊？」

　　也許有人的答案就是賈馬爾如何處理他忌妒情緒的方法——他決定告訴媽媽。媽媽很寬容且明理地告訴他這是正常的，只是我們都必須學習應對這種情緒。同時還告訴賈馬爾自己其實也有點忌妒隔壁那隻恐龍家裡又大又新，爸爸也承認他忌妒他朋友買新車。

　　「可是，忌妒就像粘滑的藤蔓，一點點往上爬，緊緊勒住我的肚子，讓我什麼事也做不了。」賈馬爾說——我們是否都有過這種感覺？媽媽教他：「當你感到忌妒別人時，不妨想想自己擁有的所有好的東西。」

　　爸爸提醒他：「你得牢記自己能夠做好的所有事情。」

　　我很感謝孩子們大都很願意誠實跟我分享他們忌妒的經驗，接著我們一起練習書上提供的方法，數算自己所擁有的，彌補自己所匱乏的，看見自己的優勢，也許有可能也是被他人忌妒的。我舉了自己的例子、別人的例子。

　　然後，建立一個專屬的舞臺，介紹自己，讓自己也讓別人注目你更認識你。在簡單的舞臺上介紹自己，依我的經驗，是極富有魔力的活動，因為所有的潛意識在這個空間無所遁形，我可以更認識孩子藏在表面底下的性格，同時也讓述說者有舞臺展現自己、發現自己。我堅持每一個孩子在臺上的時刻他就是主角，就是要受到所有人的關注，所以容許站在臺上的人扭捏停頓不知所措語焉不詳，一直到他自己決定該下臺了。這過程變得冗長，但事後省思這過程很有意義。無庸置疑的，每個孩子都希望自己被看見。

　　再來，練習數算自己所擁有的，自己有什麼能力。如此的內觀對華人的孩子來說很陌生。一回，有一個男孩在紙上寫下「我一無是處」五個字，每一個字都如一把利刃刺進我心，才十來歲的孩子哪來如此沉重的自我否定啊！我們做了一些練習，後來，他很認真地詢問別人，也詢問自己，自己會什麼？擁有什麼？並且認真地寫在紙上。當他跑來跟我說他知道他的優點是什麼了，我真的感動到掉眼淚呢！

　　最後，與情緒共舞。看到孩子給出時間檢視自己的狀態，不帶任何批判。真實地，不需要承擔任何後果地表達自己。任何狀態，都是可以接納的，唯一不要做的就是「批判自己」。

　　我在臺灣的小學，用緩慢的進度在上課，跟孩子們一起學習如何處理負面情緒，如何看見自己的美好、如何愛自己，如何找到生命的力量，如何好好與自己也與其他人相處……說來好像神話，但我已在實踐的夢想花園。

■ 文本

《親愛的，你也很棒》

摩西‧戈登 著，王甜甜、呂海濤 譯，2014，瀋陽市：萬卷出版公司。

■ 適用情境和對象

1. 此活動較適合在學生彼此有些熟悉度再來進行。

2. 適合中年級以上進行，成人也很適合。

■ 結合科目

心靈閱讀：整個延伸活動從看見自己的優點、練習處理負面情緒、到陪伴自己的情緒、好好地跟自己在一起，是一次深度的心靈旅程。

■ 活動場地

室內較適合。

■ 活動材料

《親愛的，你也很棒》繪本。A4 紙（至少一人一張）、筆（原子筆、色鉛筆、彩色筆皆可）、情境音樂。

■ 活動步驟

1. 說故事

2. 討論

討論忌妒的感覺，思考可以如何應對忌妒情緒的方法。

3. 練習轉化忌妒的方法

1. 把自己所擁有的有形的無形的東西寫在紙上。

2. 把自己的才能寫在紙上。

3. 用靜像表現出自己的才能或擁有的東西。

在紙上寫自己擁有的和才能。

用靜像表現出自己的才能或擁有的東西。

4. 我是明星

在空間中劃出一個舞臺區域，每一個人輪流上臺介紹自己，要有臺詞及戲劇動作，形式不拘，可用唱的用演的用舞蹈的形式。自我介紹的臺詞可以取材自上一個活動的練習，我是很會什麼的○○○，或者是身分，例如：我是老師，也是會跳舞的人，也是……

但開頭及結尾都要說：「我是○○○（本名）」。

空間中劃出一個舞臺區域，每一個人輪流上臺介紹自己

5. 與情緒共舞

請每個人拿著第三個練習活動所寫的那張紙，它是你的情緒，也是另一個自我。老師在此時放一段情境音樂（有畫面有戲劇感的音樂），請每個人用自己的方式跟那張紙跳舞，可以用各種方式跳舞，可以完全的釋放，自在就好。

請每個人拿著第三個練習活動所寫的那張紙，跟那張紙跳舞。

6. 結尾儀式

大家圍成圓圈坐下來，分享與情緒共舞的感覺以及整個活動過程的感受。

圍坐圓圈分享。

小叮嚀

Tip 1 第三個練習活動，若有人想不到，可以詢問同學對他的看法。

Tip 2 可讓大家練習再上場做自我介紹，若學員是國中以上，可以直接上臺做自我介紹，更能挖掘他自己未覺察到的潛意識與自我。

2.6

同理——《除了聽，他們沒有什麼做不到！》

　　這個故事以聽障生的好朋友王品冠的角度，觀看聽障生林曉文的生活，令我想到專科時代，有一段時間我從高雄搭火車通勤到臺南上課，在火車站經常遇到啟聰學校的學生，他們總是大聲地比手畫腳溝通彼此，我對他們流利且富有情緒的手語其實挺有興趣的，後來我去一個百貨公司打工，在文具部，偶爾會有聽障生來買文具，他們會寫字條跟我溝通，也會教我一些手語，三十年過去了，我還記得其中一個綁辮子的清秀女孩，她說她寫字有點慢。

　　繪本中有一頁，林曉文牽著王品冠的手跳舞，文字寫著：「她還教我不需要用耳朵就可以聽見。」關於聽障生跳舞，我有親身的體驗，有一年，我的好朋友撒可努帶我去屏東找他排灣族的好兄弟烏賈斯，烏賈斯自小失聰，雖然他聽不見人們的話語，但他可以聽見神的聲音，在烏賈斯成長的過程，突然有一天神賜給了他特殊的天賦和靈感，他開始在木頭上雕刻、作畫，部落裡有一個廣場展示的都是烏賈斯的作品，後來他成為勃肯鞋的修復師傅，自己也開了一家勃肯鞋店，那天他就是在店裡面扭下收音機的開關，然後，走到牆邊，伸出手感受牆壁震動的節奏，讓身體舞出了音符，烏賈斯的舞步充滿熱帶島嶼的陽光氣息，跳舞的烏賈斯好神奇，好迷人。那一趟旅行我因為要提早趕回臺東演講，烏賈斯載我去火車站，

他車上的音樂震天價響，時速也隨震耳欲聾的樂音飆到 100——真的，除了聽，他們沒有什麼做不到！不，更準確一點地說，他們其實也會聽，只是聽見的跟我們一般人不一樣。

除了聽，他們沒有什麼做不到的》的作者粘忘凡，希望以第三人稱的視角陳述故事，更以反差對照、正向增強的方式，傳達聽人（王品冠）眼中的聽障生同學（林曉文），並未受限於自身的聽覺障礙，在生活和學習上積極與樂觀的態度。例如：林曉文耳朵聽不見，不會說話，但會讀唇語。每次，她都超級認真看著王品冠的嘴巴，想讀懂他說的每一句話；例如：林曉文不會說話，但她會寫下所有她要說的話，而且，她真的很會寫字；例如：她教王品冠打手語；又例如：她帶著王品冠一起跳舞⋯⋯林曉文說：「耳朵聽不見，還有眼睛、鼻子、舌頭、皮膚，可以去感覺，可以聽見。」

透過身體閱讀這個故事，身為感官健全的一般人，將更能同理有某種感官缺陷的不方便。例如：「唇語傳話」是體會不能說話不能發出聲音的痛苦、「比手畫腳」是體會聽障生聽不見的困難、「伏地行走」是體驗失去雙腳的不方便、「束手有腳」則是感受沒有手的難處、「蒙上你的眼」則同理失明者的身體狀態——而經歷這一連串的感同身受，便更能感謝身體為自己所做的貢獻。

■ **文本**

《除了聽，他們沒有什麼做不到！》

粘忘凡 著，孫心瑜 繪圖，2019，新北市：耶魯。

■ **適用情境和對象**

小一以上即可進行此系列活動。

■ **結合科目**

1. 生命教育：可將此繪本及延伸的身體閱讀活動運用在培養
   同理聽障生及其他身障人士的生命教育。

2. 感官開發：這一系列身體閱讀活動亦屬於感官開發的活動。

■ **活動場地**

最好是在木質地板或有鋪軟墊的室內空間進行，同時也需要較
大的空間才能進行「束手有腳」及「蒙上你的眼」等活動，或
者可以把「束手有腳」移到戶外進行。

■ **活動材料**

A4 紙、筆、蒙眼布（或可用口罩代替）、回收紙。

■ **活動步驟**

1. 唇語傳話

請學生排成一長列，除了第一位面向老師，其餘皆轉身背對老
師。老師準備兩、三個句子，一次傳遞一個句子。例如：我要
去上學。傳話者拍下一位的肩膀，下一位同學即轉身過來，專

注讀傳話者的唇語，傳話者不能發出聲音，不能比手畫腳，只能以嘴型傳遞句子，最後，再從最後一位往回推，每個人說出自己的答案。我們會發現，很少人能講對答案，甚至非常離譜，就知道讀唇語有多困難。

排隊傳話。

2. 比手畫腳

依人數和年齡準備題目，每一次一位選手出來，把老師秀給他看的題目以比手畫腳的方式表演出來，過程中，表演者不能說話，只能點頭搖頭或比手勢。表演者要開始表演之前，猜題者要先問：「幾個字」。亦可將學生分成兩組競賽。

比手畫腳。

3. 隨樂起舞

放幾段不同性質的音樂，請學生依照音樂的節奏跳舞。這對華人很困難，節奏感和放不開都會讓學生手腳呈現不協調，聽得見都不會依節奏而舞，那繪本中聽不見的林曉文能隨著音樂跳舞，那就更不簡單了。

隨音樂跳舞。

4. 伏地行走

將學生依人數分成兩組或數組，排成數排長列，或者全部排一長列亦可，全部趴在地上，只能用手及上半身移動，不能用腳。移動的距離可以是直線的 A 點到 B 點，也可環繞整個空間。只要注意不要擠撞到別人和其他物品就行。可以多進行幾次，讓學生從有趣玩樂中感受到疲乏疲累，感受到沒有腳的不方便。

匍匐前進，感受
不能以腳來行動
的不便。

5. 束手有腳

將學生依人數分成兩組或數組，排成長列，並在場地中劃出三點：起點、中點、終點。老師在中點處依每組人數置放相等數的紙團（利用回收紙）。每個人要將手交叉置於背後，或者用布將手綁於背後，從起點預備起跑後，跑至中點用腳夾起一個紙團，再或走或跳，移動至終點。將紙團置於終點，再從外圍兩側回到隊伍的最後。當隊友將紙團置於終點時，下一位即可起跑，看哪組獲勝。請注意不能用踢的方式移動紙團。

感受缺手的不便。

6. 蒙上你的眼

1. 每個人以長布或口罩蒙住眼睛，在空間中自由探索移動。

2. 兩人一組，一人先蒙眼，另一人以聲音、話語引導蒙眼者在空間行走。回到原點後，角色交換。亦可聽老師的指令，老師喊：「交換」，即可角色交換。

一人指揮一人蒙眼走路。

3. 兩人一組，一人先蒙眼，另一人牽著蒙眼者在空間行走。回到原點後，角色交換。

一人牽著一人蒙眼走路。

7. 共讀文本

引領學生閱讀繪本內容,最好能穿插幾個真實的故事。

8. 感謝有你

1. 請學生拿色筆在紙上畫下最不想失去的身體的某一種感官或部位,並寫明理由。

2. 寫下對某一感官或身體部位的感謝,例如:感謝美麗的眼睛,讓我看到精彩美好的世界。

畫下寫下感謝身體的部位。

Tip 1 **大多數人通常欠缺想像的勇敢,在進行唇語傳話和比手畫腳時,最容易因聽不懂而放棄,老師要盡量鼓勵孩子,即使完全聽不懂也要隨便猜,不能放棄。**

Tip 2 **「伏地行走」、「束手有腳」都會是比較有速度感的活動,而「蒙上你的眼」在看不見的狀態下行走,都要提醒學生注意安全。**

Tip 3 **「蒙上你的眼」設計的兩個活動可擇一來做即可。**

2.7

《找尋自己的聲音》

　　住在市中心，一棟標號 4B 公寓裡，有一隻名叫哈洛德的鸚鵡，擅長模仿各種聲音，一直關在公寓裡的哈洛德，當然只能模仿居家用品的各種聲音，但一再重複總會有厭倦的時候。一天，他偷溜出去，見識到這個世界有各種不同的聲音，很大的聲音，很小的聲音，快樂的聲音，悲傷的聲音……好像每樣東西都有他的聲音，只有哈洛德沒有。但他相信一定有他自己的聲音，在身體的某個地方。終於，哈洛德下定決心，深深吸一口氣，他發出了生平第一個自己的聲音——結果如何？

　　故事給了一個美好結局，哈洛德覺得自己的聲音怎麼這麼難聽！但美妙的事發生了，其他的鸚鵡都被他美妙的聲音吸引，而哈洛德也用他的模仿口技交了許多朋友。當然，哈洛德還是最棒的鬧鐘，最棒的煮水機，最棒的洗衣機……但是，哈洛德最開心的還是——自己的聲音。

　　我們似乎都得透過別人的眼光和他者的肯定才能看見自己，看見自己的特質、自己的優點長處，看見自己的與眾不同。然而，很多時刻，我們都是獨自一人，我們得自己為自己加油打氣，自己欣賞自己，肯定自己，才能得到真正的力量，往更光亮的方向前進。透過《找尋自己的聲音》可以讓我們好好來練習，發現自己的「聲音」，看見自己獨特的「聲音」。

■ 文本

《找尋自己的聲音》

寇特妮・迪克馬斯 著，李紫蓉 譯，2017，臺北市：維京。

■ 適用情境和對象

中年級以上較適合此一系列的活動，親子也很適合玩。

■ 結合科目

1. 心靈閱讀：這一系列的活動主題是發現自己的特質、優點
   與特長。

2. 表演藝術：此繪本內容，也可拿來做為聲音表達的練習、
   延伸聲音與創造性舞蹈結合的創作課程。

■ 活動場地

室內戶外皆可。

■ 活動材料

《自己的聲音》繪本。A4 紙（一人至少兩張）、筆（鉛筆或
原子筆或色鉛筆）。

■ 活動步驟

1. 說故事

邊說邊做。

說故事。

2. 聲音遊戲

1. 聲音暖身：理解並練習繪本中各種不同的說「哈囉」的方式。不同的姿態、語調、肢體動作和表情，都是不同的情緒表達。

練習繪本中各種不同的說「哈囉」的方式。

2. 聲音模擬：練習繪本中不同工具的各種聲音。什麼東西的聲音是很大聲？什麼東西的聲音是很小聲？

練習繪本中不同工具的各種聲音。

3. 聲音表情：什麼是開心的聲音？什麼是悲傷的聲音？（不是直接表現出聲音，而是需要轉化一下，做什麼事發出的聲音是開心的？有哪些生命或無生命可能會發出悲傷的聲音？……這就有了詩的想像），最後一個聲音，是自己的聲音，什麼是你自己的聲音呢？很抽象，但可以把它衍生定義為自己的特質：像流水柔軟的、像石頭堅硬的、愛搞笑的哈哈聲或像撲克牌臉嚴肅的咳嗽聲、或像小老鼠般膽小的吱吱聲抑或是凶猛的獅吼聲，或無精打采的哀嘆聲或者是活力充沛的歡呼聲……

4. 選擇上述的一種聲音的表現，請學生一個連接一個做出來，聲音跟動作都要有點節奏，最後大家一起做，重複幾次——老師像指揮家一樣，決定節奏、聲音大小及誰來發出聲音。這就是一次創造性舞蹈加上聲音的練習了。

表現各種情緒的聲音。

3. 看見自己的聲音

1. 請大家圍圓圈，在紙上寫下自己的特質、優點及特長。

2. 請每人在紙的上方寫上自己的名字，然後傳給右邊的人，當每人拿到某人名字的紙時，請為他寫下一個他的正面特質、優點或特長。

3. 用戲劇動作表現出自己的特質、優點及特長。

4. 最後，請每個人大聲念出自己寫的和收集到的其他人眼中的自己。

請每人在紙的上方寫上自己的名字，然後傳給右邊的人，當每人拿到某人名字的紙時，請為他寫下一個他的正面特質、優點或特長。

小叮嚀

Tip 1 對於聲音的模擬一般人未受過訓練都很難做到高度相似的模擬，只要孩子願意投入想像和勇氣，都是值得喝采的。

Tip 2 每個人對於聲音的詮釋，也都是很主觀的，帶領身體閱讀的老師，最重要的是鼓勵孩子多嘗試，勇於想像與創作，用開放的胸襟欣賞每個人的呈現。最後，把每個人對於最大聲最小聲，各種情緒的聲音，連成一個一個句子，就會是一首詩了，一首用聲音創作的詩。

2.8

你可以決定——《走在夢的路上》

　　小蛙皮波再也無法作夢。睡不著時他就數羊。有天，遇到一隻小羊，他知道如何進入夢中。小蛙皮波希望與他同行，也許就能恢復作夢的能力。於是，小羊帶著小蛙皮波一起走入五月鵝黃罌粟花的夢，六月綠色池塘金魚的夢，七月草原藍紫牽牛花的夢，八月深海透明水母的夢，九月金黃麥田蜻蜓飛舞的夢，十月赭紅森林樹的夢，和十一月黃色小鳥做朋友，聊了好久的夢，還有十二月片片雪花飄落的白淨的夢……二月鸕鳥在結冰的河上叼著花，告訴迷路的小蛙皮波小羊的方向，他也在三月煙藍的夢底找回作夢的能力。

　　第一次，為了看一眼就愛不釋手的繪本——刀根里衣的《走在夢的路上》設計身體閱讀的活動，好想帶著這本夢幻中帶著淡淡哀愁的，一幀幀都是值得收藏的好書，跟學生一起玩。所以，過程中「邊講邊做」，聽故事的人在我的導演下都化身為搖曳的罌粟花、想要長腳的小金魚、想飛上天的牽牛花、想和星星一起跳舞的水母、眾人的身體集結成樹，小鳥、小羊和小蛙皮波在樹旁聊了很久的天，然後以珍珠紗作為飄飛的雪花，大家拿著珍珠紗翩翩舞動，彷若與雪花融為一體。每一次，我們彷彿都一起走過夢的路上，做了一場即興的美夢。而我也要感謝我在大學教到的優秀學生，在期末教案呈現時設計了一系列精采的與墨共舞的活動，讓我挪用、轉化、融入於這一個課程活動中。

■ 文本

《走在夢的路上》

刀根里衣 著，熊苓 譯，2015，臺北市：格林文化。

■ 適用情境和對象

1. 參與對象中年級以上較適合，親子也很適合玩。

2. 此活動要準備的材料較多，結束後也需要一點時間收拾材料與恢復環境，若是一整天的課程或與其他活動搭配進行，會比較適合放在課程的最後。

■ 結合科目

1. 表演藝術：說故事的人就是導演，讓每一個參與者化身為故事裡各種角色，訓練即興能力與開展身體。

2. 視覺藝術：「聞墨起舞」、「酣墨淋漓」、「粉墨登場」都是可與繪畫創造結合的活動。

3. 心靈閱讀：製作墨（夢）想心靈電影，是讓夢想成真的想像力練習。

■ 活動場地

室內戶外皆可。若要投影，室內較佳。

■ 活動材料

毛筆、蠟筆、墨水、調色盤、宣紙、報紙、水杯（將學生分成數組，以上材料一組一份，毛筆可多準備幾支、報紙一組三至四張）。

■ 活動步驟

1. 邊講邊做 （結合科目：表演藝術）

說故事的人就是導演，讓每一個參與者化身為搖曳的罌粟花、想要長腳的小金魚、想飛上天的牽牛花、想和星星一起跳舞的水母，並唸出書裡的臺詞；也讓眾人的身體集結成樹，小鳥、小羊和小蛙皮波在樹旁聊天，然後以珍珠紗作為飄飛的雪花，大家拿著珍珠紗翩翩舞動，彷若與雪花融為一體。

拿著珍珠紗翩翩舞動，彷若與雪花融為一體。

小叮嚀

Tip 老師可以準備具有夢幻質感的珍珠紗，剪成一塊塊，在課堂中還挺好用的。

2. 聞墨起舞（結合科目：表演藝術、視覺藝術）

1. 借用《行草》的音樂，老師用身體示範三十秒鐘的水墨在紙上流動的舞姿。亦可以在背景投影《行草》的表演一分鐘片段即可。

2. 將學生平均分成兩邊，一邊是水、一邊是墨，以動作來區分兩者（例如：一邊以身體做出圈圈的動作，一邊做出叉叉的動作）。

老師示範水墨在紙上流動的舞姿。

一邊比圈圈，一邊比叉叉。

3. 播放音樂，讓學生聽教師口令，依不同速度在教室空間走動，1是最慢，依次遞增，9是最快，每換一次口令，就要換不同部位做出的圈叉。

4. 隨機喊停，引導扮演水與墨的學生就近兩兩一組，並想像地上為一張白紙，以肢體展現水與墨的融合。

5. 再次讓水墨混和，以六人或八人為一小組（視學生人數而定），表現更多水與墨的可能性。

兩人圈圈與叉叉結合。

四人或六人圈圈與叉叉結合。

小叮嚀

Tip 隨機喊停，引導扮演水與墨的學生就近兩兩一組讓水墨混和，以及以六人或八人為一小組（視學生人數而定）的水墨交融，可以不只做一次。

3. 酣墨淋漓 （結合科目：表演藝術、視覺藝術）

1. 在地上鋪好至少四張報紙，報紙上再鋪一張宣紙，準備好墨汁、調色盤、毛筆和水杯，老師進行示範與解說，將墨汁倒進調色盤，再用毛筆沾水沾墨汁實際滴墨，學生上前聆聽與觀看。

太有趣了，學生們都躍躍欲試。

2. 發給各小組材料，實際動手做，玩一玩各種方式看沾了水的墨汁如何在宣紙上暈染散開。

3. 在等待墨乾的同時，學生可以欣賞、可以思考自己剛剛所滴的墨像什麼？再延伸聯想把它轉化為一個新的圖案或其他具體的形象？並用蠟筆填補各自的想像。

「酣墨淋漓」玩玩各種點墨的方式。

用蠟筆填補延伸。

4. 小組成員將所畫出的物品或意象串聯成一個故事，並在下一階段上臺分享。

4. **墨劇**（結合科目：表演藝術、視覺藝術）
各組上臺以短劇演出創作的故事，充分展現團隊所創造的異想世界。

說故事。

演故事。

5. 粉墨登場（結合科目：心靈閱讀）

老師針對每組作品進行簡單評論。重點是——「人生就如隨機滴在宣紙上的墨水，我們從不知它會形成何種樣貌，會走出什麼樣的方向？但，最重要的是，持續走在夢的路上，你手上握有蠟筆，你可以決定你的生命要形塑成何種樣貌」。

你可以決定你的生命要形塑成何種樣貌。

6. 製作墨（夢）想心靈電影（結合科目：表演藝術、心靈閱讀）

既然要形塑自己的生命樣貌，在最後就可以請大家一起來協助完成彼此的夢想心靈電影。

1. 先把個人的夢想寫下來或畫下來，或者用定格靜像將自己的夢想呈現出來。

2. 合演夢想心靈電影。每一個人都是自己的夢想心靈電影的主角，可以邀請其他同學幫你演出，或者有人自願更好。首先，要有事件（夢想實現的狀況）、場景（夢想實現的場景）、情緒（在夢想實現時的心情）、角色（哪些人，尤其是支持你的人會出現在其中）、對白（那些角色會跟

你說什麼？跟你會有那些對話？）、動作（你在那裏做什麼？其他人又在那裏做什麼？）——例如：有人想當畫家，就把場景設定在開畫展，有人扮演他的畫作，有人來參觀畫作，請畫家簽名或買下畫家的畫……又例如有人想環遊世界，就請大家扮演不同國家的代表物，讓主角享受其中或跟景物拍照……

演出「心靈電影」，大家帶著禮物到我家來為我慶賀「夢想成真」。

小叮嚀

Tip 1 夢想心靈電影的演出，可以先讓夢想者以導演的身分來設想情節，若夢想者沒有想法，老師再介入編導。

Tip 2 若時間不夠，第三個活動「默劇」呈現可以不做。而最後的「夢想心靈電影」也可以只用靜像呈現夢想即可。

Tip 3 活動一到活動四可以與活動五「夢想心靈電影」分開來做，成為各自獨立的課程。

2.9

思念——〈寄不出的信〉

　　那日的悲傷到底是怎麼開始的呢？我第一次在課堂上說完故事之後，心中完全沒有喜樂，只覺得好抱歉。那一整日的課程，空氣裡滿滿的飄散著思念和遺憾。於是我寫下了〈寄不出的信〉，日後，在身體閱讀課帶著學生用身體來閱讀思念的情緒，十之八九，課堂上的氣氛總會從歡笑轉為悲傷。然後，在靜默中，我們都獲得了不同程度的釋放和療癒。有好幾次，中年級以上的小學生在共讀的過程都對文本表現出輕忽訕笑，甚至是不知道為何而笑（眾人笑就跟著笑），但透過「循序漸進、肢體動作豐富的引導代替口述引導，利用團體互動分享，營造溫馨輕鬆的教室氛圍，同理並能安撫孩子的情緒，讓孩子的情緒能找到安全的宣洩出口，並轉化為深刻的文字……」（引號中的文字是綜合了觀課學習的教師寫下的心得），有好些孩子來跟我分享，上完這堂課讓他好輕鬆，讓他不再那麼難過，讓他放下了一些不知道是什麼的感覺……我知道孩子尚不能清楚精準的用詞彙表達自己的情感，但，我知道我們都在用身體閱讀思念之後，獲得了釋放。

　　這個活動我也用在大學生和成人的課程中，年紀愈大，我們愈是壓抑自己的感受，不易也不太敢在眾人面前表現我們私密的情感和回憶，但衝擊和療癒往往是更深的。

■ 共讀文本

〈寄不出的信〉

收錄於《深林閱讀——我在荒山小學的作文課》，

洪瓊君 著，2012 年，臺北市：耶魯。

■ 文本內容

那日的悲傷到底是怎麼開始的呢？

早上，我跟低年級的孩子分享《水蜜桃阿嬤》的故事，說到水蜜桃阿嬤獨自扶養七個孫兒的辛苦時，我才發現荷張著烏黑的大眼睛看著我，眼神裡有幾絲茫然，還有著似遙遠卻又極近的——苦楚吧！我很難說清楚，但那眼神直刺刺像只火箭轟向我心頭。我連忙說抱歉，給了她一個擁抱，心疼地說：「荷的媽媽也是一樣辛苦，要照顧五個孩子，跟水蜜桃阿嬤一樣偉大。」荷點點頭，其他孩子紛紛說起荷的爸爸在上個月剛過世的事情，才 37 歲。有人說荷的爸爸被天使接走了。我問：「荷，還好嗎？」她點點頭，眼神裡又多了些許空洞。

說故事的過程中，孩子們不斷熱烈提出問題，參與討論，我注意到崇佑的頭越來越低，情緒似乎很低落。下課鐘響，崇佑經過我身旁，充滿悲傷且頭也不回地對我說：「我好想哭。我好想我爸爸。」我的目光始終無法離開他那瘦小的背影，即使淚水已完全模糊了視線……

頭一回，說完故事心中完全沒有喜樂，只覺得好抱歉。

下午，中年級的課，我讓孩子躺在木質地板上在一段「光的冥想」活動之後隨著音樂進入夢的境地，音樂並不搧情也不感傷，只是平靜。「夢醒」後，玉華已經哭得像個淚人兒，除了希由亞夢見長長的樓梯，爬上去，一片綠色草地霎時變金色，她在夢裡追逐金色的蝴蝶，玩得很開心之外，其他人似乎都夢見灰色黯淡的夢境，個個臉色凝重。

玉華自願第一個分享她的夢，雖然她已經哭到無法把話說清楚但她還是想說，我知道夢裡面有深深的思念，對她那個做錯事、走錯路的哥哥，玉華必須透過述說才能讓她的思念找到依靠。

培齡說她夢見死去的爸爸，她還清晰地記得爸爸在他們面前吐出紫色的瘀血，然後不支倒地──培齡是崇佑的姐姐。今天，我竟然用了不同的方式讓他們姊弟倆浸潤到相同而深沉的悲傷裡頭，到底是怎麼回事？

可欣說：「我夢見剛過世的阿公，我夢到一位好像我阿公的背影，我就問他是誰？他沒說話，我就到他的房間，看到一封信，上面寫著：「可欣，加油喔！」說完，又泣不成聲。

卓慧拖著沉重的身軀站到臺前，滿腹悲傷地說他爸爸走了──「什麼？」卓慧繼續說：「我爸爸去花蓮了。」「什麼時候回來？」我問。「明天。」說完，她就掩面大哭起來。我忍不住大叫：「你爸爸明天就回來了，你哭什麼啊！」她不理我繼續哭她的。

希由亞抗議大家的悲傷渲染了她快樂的夢，讓她也開始很想哭。夢荷已經哭到放棄分享的機會。只剩下雨萱了。她一直硬撐著，不讓淚掉下來。我告訴她可以選擇不說，如果她不想說。雨萱是個直腸子，她很快站上臺前，她說：「我不想說太多，因為我不想哭。」然後，她說起那日趕到醫院，爸爸已經氣絕，他們姐妹無法接受這個事實，氣得在病房大摔椅子，醫院的人都沒罵他們……現在，只剩下媽媽跟我們五個姐妹了——

我已完全喪失說話的能力，我懷裡擠著滿滿的小孩，整個空蕩的教室也被哭聲塞滿，「我很抱歉，我真的很抱歉」是嘴裡唯一能吐出的字句：

「對不起，我不該讓你們進行『夢』的活動，害你們想起那麼多悲傷的事，哭得那麼傷心。」我哽咽地說。

幾個孩子體貼地安慰我：

「老師，不是你的錯，是我們自己太愛哭了。」

那日，孩子們一邊嚎啕一邊寫下他的「夢」。

■ 結尾

傳說如果夢見和天使在沙灘上散步，人可以從水面的倒影中，看見自己的一生……和天使在沙灘散步的人回過身來，他看見映照在沙灘上的腳印，不再是兩對腳印，只剩下一對，孤單向前延伸。

天使指著腳印，說：「你看，那剩下的一對腳印是不是比較深？

那不是你的腳印，是我的腳印，當你痛苦時，是我在背著你走
啊！」

～郝廣才・《水蜜桃阿嬤》

■ 適用情境和對象

適合中年級以上的學生，成人也很適合。

■ 結合科目

1. 寫作課：這個身體閱讀活動我經常運用在教師研習的閱讀
   理解和寫作引導上，成效很好。

2. 心靈閱讀：這活動也適用在心理成長的課程，但最好參與
   成員都有一定程度的熟悉，比較適合在接近學期末或一系
   列的課程將結束之前來做這個活動。

■ 活動場地

室內戶外皆可。

■ 活動材料

共讀文本、A4紙（至少一人一張）、筆、柔和的音樂及播放器。

■ 活動步驟

1. 共讀文本

書裡面還有收錄兩篇學生在那天課程之後寫給親人的信，故事
裡的人物都是真實的。

2. 光的冥想引導詞

1. 平躺在地上或盤腿而坐，雙手放在身體兩側或膝蓋上，閉上眼睛，深呼吸三次，吸氣——吐氣，吸氣——吐氣，最後一次，長長的吸氣——再慢慢地吐氣。引導者的指令越慢越好。

2. 想像一道金色的光從頭頂像瀑布一樣流洩下來從頭頂進入你的頭顱，金色的光經過你的額頭、眉毛、眼睛、臉頰、鼻子、嘴巴、下巴，金色的光充滿你整個頭。金色的光再往下走，經過你的喉嚨，你的肩膀，再往兩隻手臂往下走，光往回走，走到肩膀再往你的胸部走，流過你的肺你的肝和腎你的胃和你的腹部，你的上半身被金色療癒的光充滿著，光再往下走經過你的臀部你的大腿小腿，最後走到你的腳掌，你整個人都在金色溫暖的光裡面，讓它再待一會兒——（頓，三秒），好，讓金色的光從你的腳底流出去，咻！它流出去了。

冥想。

3. 好。深呼吸。讓自己停留在此刻的平靜裡。有什麼畫面跑
   出來？有什麼人跳進你的腦海裡？他在做什麼？他有跟你
   互動嗎？你們在做什麼？你們在哪裡？室內還是戶外？天
   氣如何？光線如何？周遭環境是什麼樣子？空氣中有什麼
   特殊的味道嗎？……（頓，安靜幾秒鐘）。

4. 請跟你畫面裡的人好好說再見。然後，深呼吸，三次。睜
   開眼睛。

3. 寫下思念

每人發一張紙和筆，在紙上寫下你思念
的對象，你們最常做的事是什麼？你最
想念他的什麼？請把紙翻面畫出一個你
思念對象的代表物。

寫下思念的對象。

4. 思念的長度

1. 把紙放到教室的中間排成一列。請大家站出一個距離，你
   和你想念的對象的距離——心理的或實際上的距離皆可。

2. 針對大家的表現，畫寫在紙上的及站出來的距離略作分享
   與討論。

站出距離。

5. 思念靜像

1. 請用定格靜像呈現你思念對象的代表物。

2. 請用定格靜像做出你最常跟你思念的對象做的事。

以一個代表物象徵思念的對象。　　常做的事。

3. 請用定格靜像呈現出你最後一次（或最近一次）看到你思
念的對象的姿態模樣。

最後一眼。

4. 針對大家的呈現略作分享與討論。

6. 輕拍

1. 回到自己的紙的旁邊，看看它，再做一個靜像，如果有機
   會，你想要跟他做什麼事或說什麼話？

紙排在中間一排，人站到紙旁做靜像，想跟思念的人說什麼？

2. 老師依序輕拍一個學生的肩膀，學生就把他心中的話說出
   來。輕拍過的人就可放鬆。

學生做靜像，老師
依序輕拍一個學生
的肩膀，請學生說
出心裡的話。

7. 釋放

請大家選擇一個自己覺得舒適的角落坐下來或躺下來，把紙放在腳前或身邊，閉上眼睛，深呼吸三次，並在心裡默念「對不起、請原諒我、謝謝你、我愛你。」祝福並放下所有的情緒。最後彼此擁抱、祝福。

擁抱祝福。

小叮嚀

Tip 1 活動過程中，可以一直播放輕柔的音樂。

Tip 2 若有人不願分享，就讓他保持舒服安全的狀態參與活動，不要勉強。

Tip 3 若有人在活動中釋放情緒大哭，也不需要急著安撫對方叫對方不要哭。就是想哭才要哭啊！就讓眼淚安全的放肆，很好的。

2.10

尋找愛與故事的——《時間和旅人》

　　《時間和旅人》這個帶著魔幻色彩的故事，是敘述一個旅人走過許多國家，每個國家都住著不同的時間，每一種時間都有不同的影射，每一種時間也都是一種追尋，有著紫色沙子的沙漠，除了帶有神秘的色彩，像蛇一樣的時間還有著慾望的誘惑；很多顏色的高山，不說話，歌聲卻像鯨魚，這樣的結合就像飛魚愛上鳥一樣矛盾，我把不可能結合成可能，反映我內在的渴望；拿著魚叉追時間把時間掛在牆上當裝飾品，是我在蘭嶼生活的經驗，看著我的朋友把射來的魚做成魚拓掛在牆上，那份驕傲我始終記得；裹著黃色火焰輪子的時間，發出巨響，寓意相當明白，意指擁擠城市裡內在的不安定；還有鮮紅玫瑰長了黑色翅膀在高塔之間飛來飛去的時間，象徵愛情的追求，高塔意味著囚禁、不自由，而愛情就是在不自由中找自由；還有蒼老的白色，讀者應該都看得出來，我所指的就是現在步入高高齡的社會，很多老人就坐在電視機前面或者握著手機，更糟的是，連年輕人也是如此，不太移動的蒼白——故事最後，五年走過六十七個國家的旅人，如此不安定的靈魂，與愛相遇之後，便找到了歸屬。

　　透過對不同時間的各種想像，我最終要說的是——「故事」是滋潤人心重要的精神食糧，我們一生都帶著故事，一生也都在追尋愛，我們都需要故事也需要愛，有愛有故事，貧瘠乾涸的荒漠也會

長出豐盛的花園。

　　我創作故事的初衷，除了冀望我的文字能傳播愛與能量，並且也以能用身體閱讀操作為考量，所以這些文字這些故事都可以「play」。《時間和旅人》這個故事很多人（包括成人）第一次閱讀時竟是不能理解的，但用身體閱讀將文字的畫面具體化之後，大家不僅能理解也記住了內容，而且也對這個被讀者喻為「繪本版的小王子」的故事，擴充了更豐富的意象和深刻的感動，這是身體閱讀的功能與魅力。

　　用身體閱讀《時間和旅人》，除了增進對抽象文本理解的能力和感受力，而故事裡也運用大量的形容詞，還提到許多情緒感受及顏色，是練習動態默劇（mimodynamique）的好機會，動態默劇（mimodynamique）是一種將無形體的感官元素，如顏色、文字、音樂……等等轉化為有形的肢體動作的方法。透過「動態默劇」將蘊藏在體內的韻律、空間及力量顯示出來。賈克‧樂寇的論點：「翻譯一首詩最好的方式就是動態默劇。」所以這一堂課我們就以《時間和旅人》來練習用身體詮釋顏色，用身體演繹文字，進一步以身體翻譯文字、轉化文字意象。

■ **文本**

《時間和旅人》

洪瓊君 著，陳姵瑄、陳采悠 繪圖，

臺東市：會唱歌的石頭工作室。

─────────────────────────────

■ **適用情境和對象**

適合高年級以上的人。

■ **結合科目**

1. 語文課：用身體演繹文字，進一步以身體翻譯文字、轉化
   文字意象，加深對文字的理解與感受。

2. 表演藝術課：讓身體演繹抽象意象。

3. 視覺藝術：練習用身體詮釋顏色，激發更多感受與靈感。

■ **活動場地**

室內，最好是可以有完整的活動空間。

■ **活動材料**

紙、色筆。

─────────────────────────────

■ **活動步驟：**

1. **共讀文本：**

   1. 老師可以先朗讀或和學生輪流朗讀故事，可以讀到24頁「時
      間向我們走過來了」那裡停住，讓結局暫時成為懸念營造
      神秘感，也可以請大家猜一猜「走過來的時間」是什麼？

2.故事裡運用大量的形容詞和情緒名詞，若參與者是小學生，可以先與學生討論故事裡的部分形容詞和情緒名詞是什麼樣的感覺，而用身體要如何表達等等。

2. 對立形容詞大車拚 （結合科目：語文）

1.對比的形容詞，從具體到抽象——「細細的、粗粗的」、「高聳的、低矮的」、「吵鬧的、安靜的」、「健康的、虛弱的」、「乾癟的、蓬鬆的」、「自由的、限制的」、「擁擠的、荒涼的」……

2.老師可以用上述的題目請學生用以下方式表達他的聯想。

(1) 以文字表達，例如：什麼是細細的，什麼是粗粗的……

(2) 以圖像表示，例如：畫出一個圖案，什麼是高聳的，什麼是低矮的……

(3) 用身體的動作呈現，例如：健康的感覺、虛弱的感覺……

用文字、用圖像表示對立詞的聯想。

用身體表現對立詞。

（4）用身體的動作加以延伸，例如：吵鬧的什麼？安靜的
什麼？——可以是名詞，也可以是動作。

（5）分組創作自訂的對立形容詞，用身體表達讓其他組猜。

聳立的大樹；伏地的小草。

分組猜謎。

小叮嚀

Tip 1 身體呈現的部分可以從個人呈現到分組創作。

Tip 2 記得題目的練習要由易至難，從具體到抽象。

3. 情緒調色盤（結合科目：表演藝術、語文）

1. 選定幾組表達情緒的語詞，例如：「生
氣、平靜」、「喜悅、悲傷」、「冷漠、
熱情」、「希望、絕望」……

畫一團紅色，代表憤怒；畫一條
藍色的曲線代表平靜……

2. 用「對立形容詞大車拼」相似的操作方式來進行練習，以文字、圖像、身體等不同的表達方式，也可以由個人到分組來呈現各種情緒。

對比的情緒——希望 / 絕望。

圖像呈現部分，可以用顏色畫線條或簡圖或色塊來表示，例如：畫一團紅色，代表憤怒；畫一條藍色的曲線代表平靜……這個練習即可與下面「顏色的動態」的活動做連接。

4. 顏色的動態（結合科目：表演藝術、視覺藝術）

1. 討論故事裡其中幾段關於顏色的隱喻，可參考前言。

2. 延伸討論「情緒調色盤」活動中，用顏色的線條或圖像表現情緒的定義。

3. 用身體表現一種顏色讓別人猜。

若時間不夠，也可以分組呈現，一組詮釋一種顏色。但不能用具體的動作表現顏色，例如做一棵樹代表綠色，重點是情緒感受。

用身體表現一種顏色的情緒——平靜的藍。

5. 用身體詮釋文字（結合科目：表演藝術、語文）

將學員等數分組，讓各組選定或由引導者分配故事裡不同段落的文字，融合前面所有的練習，用身體翻譯該段文字，形式不拘，可以按照原來的字義，由旁白念出，其他組員以默劇方式呈現；也可以增加對話及聲音，或以舞蹈的形式來詮釋，更可以只是呈現一種氛圍，用整個身體來詮釋該段文字。

用身體詮釋文字
《時間和旅人》。

6. 閱讀心靈

1. 若是開始的共讀還沒讀完，現在就把故事讀完。

2. 討論故事裡的幾個現象：

（1）原本乾癟枯黃的鳥羽為何會變得越來越蓬鬆柔軟？

（2）原本乾涸的草地為何越來越青綠？

（3）不安定的旅人為何會安定下來？

3. 回到學員自身，讓我們一起思考與想像，你的生命有了什麼就能從含苞到綻放？從乾涸到豐沛？從枯萎到重生？從禁錮到自由……

有了愛、有了光、有了青春活力就能自由就能重生⋯⋯

小叮嚀

Tip 1 引導者一定要保持開放的態度，接納所有想法，即使在前言作者已解構自己的作品，但讀者仍擁有詮釋權，可以延伸各種想法感受和詮釋，身體閱讀課不僅身體是自由的，想像是自由的，思考也一定要是自由的。

Tip 2 若要延伸文學創作，有幾個主題：

（1）從這整堂課裡所寫下的字句撿字剪詞，寫成一首短詩。

（2）以顏色為主題，寫顏色的詩；亦可將顏色變成主詞（一個人一種動物或其他無生命的物品等等）或動詞。

（3）以時間為主題，仿作《時間和旅人》，寫出隱藏版的旅人走過的時間國度。

Tip 3 所有的練習都可以先用口語再到整個身體來表達，用整個身體來表達與思考，會更容易看到冰山底下的潛意識潛臺詞，除了更看見自己，也能與他人做更深入的交流，這樣的課就不只是閱讀課、創作課和表演課而已。

2.11

重新審視自我價值——《帝歌的金翅膀》

　　《帝哥的金翅膀》是李歐‧李奧尼的創作，他創作的很多故事都在探討自我認同以及人我之間的關係，《帝哥的金翅膀》就是這個主題。

　　故事是這樣的：有一隻名叫帝哥的鳥生下來就沒有翅膀，所以不會飛，牠的鳥同伴都很細心地照顧牠，有一天，帝哥向許願鳥許願，希望有對強壯的金翅膀。結果，帝哥的願望真的達成了，牠擁有了一對金翅膀，牠拍了拍金翅膀，便振翅高飛，飛向遼闊的天空，飛得比最高的樹還高，看到牠不曾看到的世界。帝哥好開心，整天飛個不停。可是，朋友們見帝哥從天空飛下來時，卻都皺著眉頭對帝哥說：「你以為你有了那對金翅膀，就比我們還要高貴，對不對？你就是想要與眾不同。」說完，他們就飛走了。帝哥發現因為牠擁有金翅膀，同伴都不理牠了……

　　故事就先停在這裡吧！接下來，我們可以討論幾個問題，例如：「帝哥為什麼要許願一對金翅膀，而不是跟同伴同樣顏色的翅膀？」、「與眾不同不好嗎？」、「帝哥的同伴為什麼不喜歡他、不再照顧他了呢？」、「當帝哥的朋友都討厭他不理他時，帝哥會有什麼感受？」、最最重要的是——「如果你是帝哥，你會怎麼做？」

《帝哥的金翅膀》這個看似簡單的故事，卻直指人我之間很實際的反應和微妙的關係，在與人交往的過程中，我們都有可能成為帝哥或帝哥的朋友，透過戲劇策略的互動教學，可以讓小讀者更深刻地往內裡探究行為背後的動機，再返身觀照自我的需求與價值。

　　在邀請孩子成為帝哥，為他的處境做出選擇和行動時，有的孩子就會選擇把翅膀換成跟朋友一樣的黑色，因為朋友比較重要；有的會想要找到兩全的方式，向許願鳥再許願讓他保有金翅膀，又讓所有朋友都跟他一樣也擁有金翅膀；有的就送朋友更新奇的東西來轉移他們對金翅膀的關注，重新贏得友誼；只有極少數的孩子根本不在乎舊朋友，他只要飛走再交新的朋友就好；而更少數的孩子認為，只要自己過好就好不必管別人，沒有朋友也沒關係……這些決定和選擇都和他的性格有關，我對孩子的選擇都予以肯定與尊重，絕不批判，但會特別提醒那些委曲求全的孩子們注意，如果你的朋友因為你的外在條件比較好，例如成績或家境或外表……變好了，就不理你或忌妒你，那就可能不是真的朋友，你也可以考慮不必再與他們交往……

　　人際關係與自我價值的肯定是一輩子的功課，能在小學階段就有這樣的機會，用一節課到兩節課的時間，以看似輕鬆的身體閱讀，深入剖析且溫暖地關照自我與人我之間的關係，這是很大的福音哪！

■ **文本**

《帝歌的金翅膀》

李歐·李奧尼 文·圖，劉清彥 譯，2009，道聲出版社。

■ **適用情境和對象**

適合中年級以上進行。

■ **結合科目**

1. 心理學：增進人際互動、情緒認知，並練習情感傳達和情緒表達。

2. 語文：增進閱讀理解和敘事技巧。

3. 表演藝術：透過角色扮演、坐針氈，深入角色分析與情境再現。

4. 視覺藝術：情緒圈圈的創作達到情感的視覺表現。

■ **活動場地**

室內即可。

■ **活動材料**

《帝哥的金翅膀》繪本。金色、黑色絲巾或圍巾或布皆可，黑色、金色各一條。A4 紙（一人一張）。筆（鉛筆或原子筆皆可）。

■ 活動步驟

1. 暖身

1. 吸引／排斥（熟悉活動空間、體會人與人之間的關係）

（a）在心裡選定一個對象甲跟隨他，在空間裡自由移動，但要
　　　盡量與人保持距離。

（b）承（a），在心裡選擇對象乙，在走動時要遠離他，同時
　　　還要盡量接近甲，在彼此吸引／排斥的張力下，體會三人
　　　構成的對應關係。

在空間中走路，選擇對象靠近和遠離。

小叮嚀

Tip 1 引導者要強調，選擇接近和遠離與心理的喜惡無關，不要太在意。

Tip 2 很多人會發現要跟欲接近的人很靠近，又要遠離不想接近的人其實
是不容易的，這跟現實關係很像，人我之間的關係是複雜且有多重關聯，
不可能完全獨立於社會之外。

2.握手／活人像（打破身體的隔閡，讓學員彼此有更多互動）

（a）兩人一組，相互握手。其中 A 先保持不動，B 的手開始脫
離 A 的手，然後隨性地改變姿勢，以身體去碰觸 A，做一
停格動作；接著 A 也以同樣的姿勢去碰觸 B。兩人輪流持
續下去，盡量保持某一節奏、韻律，並把停格部分表達清
楚，好讓雙方感受到「碰觸人」與「被碰觸人」的心理狀
態。

（b）引導者選擇一組停格，邀請學員一同分析、討論畫面中兩
人的權力關係。

（c）A 和 B 角色互換。

在碰觸人與被碰觸之間轉換，除了覺察心理的變化也會有很多創意激發。

小叮嚀

Tip 透過這個暖身讓學員更細微地去覺察，當別人碰觸你或你碰觸別人
擁有主導權時，你自己和對方的身體與心理的反應以及變化。

3. 呼吸／溶化（放鬆身體，安定心靈）

一邊深呼吸，一邊將雙臂高舉過頭，吐氣的時候，雙臂也隨之放下，同時整個人放鬆骨架，像溶化的霜淇淋一樣攤在地上。

讓身體像霜淇淋那樣融化，重要的是身體的控制。

小叮嚀

Tip 這個活動像個逗點，讓注意力回到自己的中心點，把身體鬆開來，也調整呼吸。

4. 抵靠（與別人合作找到平衡的練習）

兩人一組，找身高、力氣相當的人同組，背對背進行呼吸練習（承3），但在雙臂放下之際，以身體互相抵靠，找到彼此的支撐點，放鬆協調。

學生說：有人依靠真好。但也有人覺得要跟別人配合很困難……這都是過程中很好的體會。

小叮嚀

Tip 可以在此活動中感受自己一個人和有人支撐你、彼此依靠的感覺有何不同，另外也練習在動作中要如何與別人配合才能達到協調。

5. 互推（感受權力不對等的關係）

兩人面對面以掌心互推，在互推的過程找尋彼此的施力點與平衡點，以體會「施壓者」與「受迫者」之間的對應、互動關係。

互推是一般熟悉的遊戲，但這過程要引導參與者觀察內在的感受。

小叮嚀

Tip 1 **兩人互推時，不可施力過重，以免受傷。借此活動體會施與受的互動。每一次的互動都不同，如同每一次的推拉及與不同對象推力都不一樣。**

Tip 2 **以上暖身活動可視時間長短，彈性決定全做或擇一來做。**

2. 情緒萬花筒（練習情緒表達，分辨不同情緒）

1. 相反詞

（a）引導者下指令：數到三，變猴子（不能動的猴子）→開心的（表現出開心的表情和情緒，但不能動）→在開車（做出動作，但一樣不能動）

（b）引導者選擇幾隻「猴子」問他們為什麼開心？「猴子」可以即興說出答案。

（c）引導者下指令：請大家放鬆，數到三，變成狗（不能動的狗）
→痛苦的（表現出難過的表情和情緒，但不能動）→在吃
飯（做出動作，但一樣不能動）

（d）引導者選擇幾隻「狗」問他們為什麼痛苦？「狗」可以即
興說出理由。

變成狗，痛苦的狗。

動物的模擬加上情緒、感受，孩子們都很喜歡這樣的活動，這也是很好的表達練習。

2. 相似詞

（a）引導者詢問大家「羨慕」和「忌妒」有何不同？請舉例。

（b）請大家做出「羨慕」的表情和動作。

（c）請大家做出「忌妒」的表情和動作。

（d）邀請幾位自願者演示「羨慕」和「忌妒」的情境——要有
臺詞和動作。例如：「他要去日本迪士尼玩耶！好好喔！
我也想去。（羨慕的情緒）」，又例如：「怎樣！可以去
迪士尼就了不起喔！（忌妒的情緒）」。

小叮嚀

Tip 1 引導者可引導參與者從大家的情緒
表現中分辨「羨慕」與「忌妒」的差異。
Tip 2 也可以運用這個小活動來認識新語
詞，將語詞具象化，不僅能印象深刻，
更可以輕易區別相近語詞的不同涵義。

羨慕的情緒——能精準地傳達情緒，
也是很好的表演練習。

3. 說故事 （讓參與者瞭解故事內容並停在故事衝突點）

故事說到——朋友們見帝哥從天空飛下來時，卻都皺著眉頭對
帝哥說：「你以為你有了那對金翅膀，就比我們還要高貴，對
不對？你就是想要與眾不同。」

說完，他們就飛走了。帝哥發現因為牠擁有金翅膀，同伴都不
理牠了——這裡就先打住。

4. 坐針氈（深入挖掘角色心理與行為動機）

1. 引導者可以邀請一位自願者——有過帝哥類似被排擠的情況或自認為可以瞭解帝哥心理的學員，或者引導者可以觀察學員中思考與表達能力較強的人選來進行坐針氈。

2. 準備一張面對觀眾的椅子，請扮演帝哥的學員坐在椅子上，並披上金色的布做為翅膀。

3. 觀眾可以詢問他任何問題，帝哥可以自行決定要不要回答，如何回答。

4. 討論以下幾個問題：

「帝哥為什麼要許願一對金翅膀而不是跟同伴同樣顏色的翅膀？」

「與眾不同不好嗎？」

「帝哥的同伴為什麼不喜歡他、不再照顧他了呢？」

學生練習坐針氈，提問者非常踴躍，坐針氈者也非常敬業且投入參與問答，讓所有人（包括他自己）更瞭解主角的心理。

「當帝哥的朋友都討厭他不理他時，帝哥會有什麼感受？」

「接下來帝哥會怎麼做？」……若沒有觀眾提到，引導者也可以詢問扮演帝哥的人。

小叮嚀

Tip 1 引導者在其中扮演穿針引線的工作，邀請觀眾問問題，若有必要，也把帝哥的回答更明朗化，但不扭曲其本意地讓觀眾更加明白。

Tip 2 透過「坐針氈」問題的挖掘與釐清，會讓觀眾甚至帝哥本人更清楚帝哥及其朋友內在更深層的想法、動機與感受。

Tip 3 若教學對象為小學生，有很多人對於帝哥的角色躍躍欲試，亦可多請一至二人來嘗試「坐針氈」，但引導者要控制時間及問題不要重複。

5. **情緒圈圈**（同理主角情緒、覺察自己的潛意識）

1. 請參與者在空間散開來，每個人以一個有情緒的靜像來表現帝哥被朋友們遺棄、排擠的心情。引導者可以請幾個人說出他的情緒。

2. 發給每個人一張紙、一支筆，請把紙橫過來並在紙上畫三個圈圈，第二個圈圈要比其他圈圈大兩倍，然後把個人剛才表現的靜像情緒寫在左邊的（第一個）圓圈裡。

小叮嚀

Tip 每個人呈現的情緒靜像通常會是其個性的投射，透過這個活動除了讓參與者更能同理帝哥的心情，也藉此機會檢視自己的人際觀。

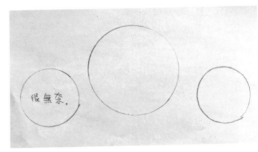

三個情緒圈圈。

6. **老師入戲**（探討主角朋友的心理、嘗試解決問題）

1. 引導者披上金色的布扮演帝哥，向大家解釋：「當我披上金色翅膀就變成了帝哥（確認觀眾是否理解）——因為我許願擁有金翅膀之後，我的朋友就不再理我了，我有很多疑問也想要尋求幫助，你們願意幫助我嗎？」待大家回應願意之後，即可向觀眾提出以下幾個問題：

（a）「我的朋友為什麼要離開？」

（b）「他們為什麼生氣？」

（c）「我可以飛得和老鷹一樣高，也有全世界最漂亮的翅膀，朋友卻都離我而去，我好孤單——你們覺得我應該怎麼做？」

2. 引導者可以選擇一種態度或依自己的性格來簡單回應觀眾的建議，針對觀眾的建議引導者可以選擇接受或不接受，可行或不可行，但重點是肯定觀眾給出的建議，不做批判。

老師披上翅膀，變成帝哥，進行「老師入戲」向學生求助。

小叮嚀

Tip 當引導者（老師）卸下主導權以劇中人的身分向觀眾（學生）求助，觀眾（學生）通常會更樂意提供協助。在第一、二個問題中，我們讓參與者以第三者的角度較客觀地看待帝哥朋友的心態，而第三個問題則可看出每個人的選擇與其性格有關。

7. 角色扮演（活潑課程，表演的練習）

邀請幾位自願者輪流上臺飾演帝哥，並演出他的決定，觀眾則扮演帝哥的朋友，進行一場即興演出。例如，帝哥把翅膀塗黑跟大家一樣，然後跟朋友請求是否願意再接納他……

扮演帝哥的學生決定飛離原來的生活圈，尋找新天地。

這位扮演帝哥的女學生決定，將身上的金翅膀換成和同伴一樣的黑翅膀。

小叮嚀

Tip 引導者要注意的是鼓勵學員上臺表現並尊重每個人做的決定，除非有暴力的行為則須加以引導思考暴力的後果，否則記得要尊重每個人的抉擇。

8. 收尾儀式──改良式選邊站

（讓每個人都練習表達自己的決定、檢視自己的內在）

1. 請學員在空間散開來，每個人用一靜像表現出帝哥的決定──「如果你是帝哥，你會怎麼做。」

2. 引導者走到每一個學員身旁,邀請他說出他做的決定為何?

有的人想找不理他的鳥朋友打一架,有的人決定不理會,
有的人想拔掉金翅膀換成黑翅膀。

3. 請學員把他的決定——例如,不要理他們,去交新朋友;
   或是把翅膀塗黑跟大家一樣……寫在第二個圈圈裡。

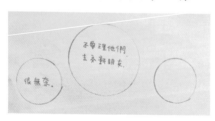

把對這件事的決定寫在
第二個圈圈裡。

4. 請大家再做一靜像,表現出當帝哥做出決定後的情緒。例
   如:「不要理他們,去交新朋友。」,之後是:「做自己
   很自由。」;或是「把翅膀塗黑跟大家一樣,重新獲得友誼,
   很快樂。」,也有可能是「覺得很委屈。」……再把這個
   情緒寫在第三個圈圈裡。

 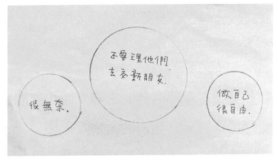

先用靜像表達情緒，再把感覺寫在圈圈裡，任何情緒都可以被呈現，被包容。

把做出決定後的情緒寫在第三個圈圈裡。

5. 引導者邀請大家檢視這三個圈圈，不管是走向正面情緒抑或是負面感受，引導者都要請大家肯定自己做得很好，要為自己鼓鼓掌，不批判自己，做決定是不容易的事。

小叮嚀

Tip 1 前面一系列的活動雖然都能激發參與者的思考與表達，但礙於課程時間有限，不可能讓每一個參與者都能充分表達，最後選邊站的靜像，會是「強迫」每個人都能以他最安全舒適且好玩的方式，來面對問題練習思考並表達其想法的好方法。

Tip 2 肯定自己愛自己是很重要的，閱讀自己的情緒，接納它，不論身處何種環境，這也是這個課程很重要的目標。

9. 回到故事（讓觀眾知道帝哥後來採取何種決定與行動）

繼續把故事說完——帝哥把他的金翅膀一根根拔下來送給窮人、不快樂的人和需要的人……之後，他的翅膀就變得像墨汁一樣黑了，他的朋友會重新接納他嗎？

2.12

讓《蝴蝶朵朵》再次飛舞

朵朵是個學齡前的單親女孩，跟著媽媽住，喜歡盪鞦韆，喜歡看蝴蝶飛舞，是個快樂的小女孩。

後來媽媽沒有工作，便帶著朵朵與在市場擺攤的男友同居。有時這位市場叔叔酒醉不舒服，就叫朵朵的媽媽自己去擺攤做生意。

與叔叔單獨留在家的朵朵，剛開始是個可以吃很多草莓蛋糕，有漂亮衣服和降落在叔叔膝蓋上玩不膩的空中轉圈遊戲的快樂公主，但後來叔叔露出了猙獰面目，開始要求幫朵朵洗澡，並且撫摸朵朵的身體，甚至還要求跟朵朵一起洗澡，要朵朵摸他的身體。面對朵朵的不喜歡和拒絕，叔叔從剛開始買東西送衣服給朵朵的情緒安撫到後來恐嚇威脅，謊稱朵朵的媽媽偷了客人的錢，若是朵朵把他們摸身體的遊戲告訴別人，叔叔就叫員警來抓走媽媽。

朵朵開始做惡夢，鬧肚子疼也變得不快樂，這些異樣讓媽媽發覺不對勁，後來媽媽藉由化身為朵朵最愛的玩偶小兔子和朵朵聊心事，讓朵朵敞開心胸跟小兔子（媽媽）述說她被叔叔性猥褻的過程，媽媽帶著朵朵離開叔叔，並且報警將叔叔繩之以法。

壞人雖被懲罰了，但是朵朵內心的創傷卻不可能因壞人的消失而瞬間消失，文字作者幸佳慧在故事末了花了一些篇幅著墨於媽媽如何陪伴朵朵，把她心中開心美麗的蝴蝶一朵一朵找回來，這部分是除了性侵害防治之外，最重要的一項心靈工程。

　　這是一本需要深呼吸才能面對的繪本與議題，然而在兒童性侵案件中熟人性侵佔了 65%，且「性虐待」僅次於「身體虐待」與「不當管教」的高比例來看，「蝴蝶朵朵」確實是不容忽視的問題。

　　透過戲劇策略的互動式教學，可以更深入且具體的讓孩子練習如何保護自己、如何求救，並且更加認識身體自主權與此議題，同時也學習如何溫暖地向求助者伸出援手。而透過身體閱讀，對於他人的處境更能感同身受，也能帶來療癒穿越傷痛。

　　當然，人生複雜多變甚至有很多艱難，不可能因為一本書、一堂課、一齣戲劇就改變生命或將問題解決，但戲劇提供我們安全的模擬方式，創造情境練習面對難題或危險時可以應對的態度與方法，同時也提供鮮活的經歷，讓群眾更深刻認識議題面對議題。而教育劇場的精神不僅僅在於揭露問題，深入探討議題，同時也要帶給觀眾希望與力量，讓觀眾帶著盼望離開劇場，因此，在教室裡應用戲劇策略，當然也要讓學生帶著光明與希望離開教室。當參與者願意投入提供想法與方案，引導者皆須給予正面肯定，並且強化其所做的努力可以改變現狀的可能，例如在花蓮偏鄉有學生創作一個「一人蹲趴在地面（代表汽車的輪子，象徵叔叔對朵朵的惡行一再重複），另一人站在其上（飾演叔叔），伸手欲抓住其對面方向的女生（朵朵）」，而該組最後又創造一個「改變現狀的靜像」，即是——朵朵對叔叔說：你不要再這樣，我會報警。又或者其他同學提出的方法是：聲東擊西，請叔叔幫忙拿肥皂，趁叔叔不注意時溜走；或是：踹叔叔、打叔叔、大叫、跑去跟雜貨店老闆講，明確告

訴叔叔自己不喜歡他摸她的身體⋯⋯面對學生提出的各種方法，身為引導者都要大大肯定學生的表現與投入，並且引導大家一起思考這樣的方法可行否？可能會有何種後續效應產生等等。

我發現，現代的孩子，即使是偏鄉，對於身體自主權、如何辨識性侵以及求助的管道等等資訊都算清楚，例如：報警、告訴父母師長或其他信任的親人，找鄰居幫忙，打 113 等等的求助，告訴加害者我不喜歡你摸我的身體⋯⋯孩子們想出來的辦法，都比小時候的我要勇敢聰明很多。每一次做良心巷的活動，孩子們很努力地克服羞報，對我表現出他的熱誠，例如可以陪我一起散步、一起玩、一起談心，甚至有男生會說：我可以保護你⋯⋯我都會真誠地感動落淚。而若是參與者是成人時，更會毫無保留地表達關心和溫暖，我們在這條溫暖的良心巷裡都更有強度的進入角色的心理，力量十分強大。

這一系列完整的身體閱讀戲劇策略，有觀察、有省思、有發現、有感動，透過戲劇的模擬操演，讓孩子鮮明且深刻地練習遇到問題時可以做些什麼保護自己，並且讓孩子感受到被保護被關愛的溫暖，那才是最重要的。

■ 文本

《蝴蝶朵朵》

幸佳慧 文，陳潔皓・徐思寧 圖，2019，字畝文化。

■ 適用情境和對象

適合中年級以上。

■ 結合科目

1. 生活：以戲劇策略深入討論《蝴蝶朵朵》熟人性侵的主題。一方面讓孩子練習如何保護自己、如何求救，並且更加認識身體自主權與此議題，另一方面也讓孩子學習如何溫暖地向求助者伸出援手。

2. 心理學：透過身體閱讀，對於他人的處境更能感同身受，也能帶來療癒穿越傷痛。

■ 活動場地：

室內，最好有軟墊或木質地板，可做身體的活動。

■ 活動材料

《蝴蝶朵朵》繪本、放鬆的音樂。

■ 活動步驟

1. 暖身

1. 空間走停（熟悉活動場地）

等一下請跟鼓聲的節奏，散開在空間中自由走動，聽到兩聲就停。

走路，探索活動空間。

小叮嚀

Tip **進行時，要提醒學員散開，不要擠在一起，去探索新的空間，並盡量填補空間。**

2. 打招呼（活動目標：破冰，拉近彼此距離）

　　請學員在活動空間內自由走動，聽指令做動作。指令：

（a）請用你的手肘和別人打招呼——繼續走路。

（b）請用你的膝蓋和別人打招呼——繼續走路。

（c）請用你的屁股和別人打招呼——繼續走路。

（d）請用你的腳掌和別人打招呼——繼續走路。

（e）請用你的手和別人打招呼——繼續走路。

（f）請用你的眼神和與你相遇的人說：「你好嗎？」——引導者提醒大家要注意到每一個人都能與其他人眼神對到，打過招呼即可停止暖身，請大家停下來，站在原地。

用不同身體部位和別人打招呼，距離馬上就拉近了。

小叮嚀

Tip 提醒學員不一定要和別人的肢體實際接觸，也可以用各種不同的方式用不同部位跟別人打招呼，若真要跟別人身體接觸也要注意到力道，不能讓別人或自己受傷。

閉眼走路，體會在黑暗中踽踽獨行的感受。

3. 閉眼走路

請所有人閉上雙眼（可以用口罩代替眼罩遮住眼，並且關燈），將雙手環抱住胸前，在活動空間慢慢移動，把注意力集中在感受身邊的人移動、靠近、光影和氣味的變化等等。

小叮嚀

Tip 提醒學員要注意安全，移動盡量緩慢且注意自己的腳步，不可以刻意和別人碰撞。在過程中去感受自己處於黑暗中的感覺，在不明的情況下別人靠近自己時有何感受？同時，也透過此活動去體會蝴蝶朵朵的生命情境有如在黑暗中只能踽踽獨行無法求援的無助感。

2. 身體界線（透過身體的界線活動覺察自己身體的界線感，學習保護自己並尊重他人身體自主權）

1. 手指頭碰

每個人伸出兩根手指頭，一隻手指頭碰一個朋友。引導者先出題，你可以感覺如果有不喜歡被碰的地方或時候，可以回到座位，其他人不能再碰坐在位置上的人，也不能追著別人碰。指令如下：手指頭碰身上有黑色的人，手指頭碰有戴眼鏡的人（碰觸她人的眼鏡），手指頭碰身上有穿條紋的人（碰身上的條紋）……第四題之後，可以邀請學員出題，要出題的便大聲說出自己的題目，引導者重複，學員們便可開始動作。

手指頭碰別人——透過遊戲了解自己與別人，對身體的界線認知。

2. 博物館雕像

兩人一組，其中一人當雕像，一人扮演參觀觀眾，這個博物館雕像是可被碰觸的藝術品，當引導者下指令，例如：碰觸雕像的手肘、碰觸雕像的膝蓋、碰觸雕像的頭髮、碰觸雕像的臉

頰……指令可一步步往敏感處靠近。當雕像聽到自己不願被碰觸的部位指令時，可做一誇張爆炸狀（發出爆炸聲），停止參觀者的觸摸。待所有組別都爆炸了，再變換角色。

靜止的動作碰觸活動也是透過遊戲了解自己與別人，對身體的界線認知。

到了身體的忍耐指數臨界值，就可選擇爆炸。

3. Body to body

兩人一組，依照引導人下的指令部位碰觸對方，例如：頭碰肩膀。兩人不要討論，依照默契自然的決定誰的頭去碰誰的肩膀。引導人再下指令，例如：屁股碰膝蓋。而兩人原來的頭碰肩膀繼續黏著不能放開，引導人繼續下一個碰觸的指令。一組最多下到三個指令，因身體會達到扭曲的極限，故維持三次指令，稍停留一下，讓彼此感受身體碰觸的感覺，並以餘光欣賞別人的作品。當引導人喊出：「body to body」時，纏住的身體即可放開，然後跟旁邊的人換，約可進行到三輪，意即交換兩次夥伴。

「body to body」。若學生年紀較小或秩序上不好控制，可進行較靜態的身體接觸，彼此感受身體碰觸的感覺。

小叮嚀

Tip 1 活動結束後要引導大家討論，哪些指令自己會擔心被碰觸？為什麼？

Tip 2 在課程中可以選擇其中一項活動進行即可，若學員年紀較大及秩序上可以掌控，可進行（1）手指頭碰，若學生年紀較小或秩序上不好控制，即可進行（2）博物館雕像或（3）body to body。

Tip 3 活動（1）和活動（3）都需要特別注意參與者的意願，引導者可在活動前先聲明若參與者不想被碰觸該部位即可退回座位觀看。

3. 共讀繪本

（認識故事內容，提醒繪畫中的象徵符號，並停在故事轉折點）

1. 引導者請引導學員注意到繪本中以輪胎、摩天輪等等象徵叔叔對朵朵的折磨是一再地重複、循環，或狐狸是代表性侵朵朵的惡魔與惡夢這些部分。

2. 故事請停在第 31 頁，媽媽藉由小兔子和朵朵聊心事，讓朵朵敞開心來跟小兔子（媽媽）述說她被叔叔性侵的過程——之後情節將有所翻轉，這部分要留著要以戲劇策略來深入探討。

4. 靜像劇面的應用

（以完整的戲劇策略進入繪本情節進行議題深究）

1. 呈現衝突

▲回溯靜像一

（1）公園裡快樂的朵朵：邀請自願者上臺演出在公園裡與朵朵互動的畫面——爺爺送糖果給朵朵；奶奶送兔子給朵朵；叔叔拉著朵朵的手轉圈圈，媽媽站在叔叔後面帶笑意觀看；阿姨們在朵朵手上玩毛毛蟲呵癢的遊戲——請每一組表演者（每組都各有一個朵朵，請不同人來飾演）依序站上舞臺呈現繪本中這一頁的畫面。

（2）引導思考：

此時的朵朵心情如何？

天空是什麼顏色？象徵朵朵的心情。

創作繪本中的畫面，在公園裡快樂的朵朵。

▲回溯靜像二

（1）公園裡害怕的朵朵：邀請自願者上臺演出在公園裡與朵朵
互動的第二個畫面——爺爺送糖果給朵朵，朵朵不想吃；
朵朵跟奶奶說：「小兔子想要穿衣服」；朵朵躲到媽媽後
面，不敢靠近叔叔；朵朵不想跟阿姨玩毛毛蟲呵癢的遊戲
了——請每一組表演者（每組都各有一個朵朵，請不同人
來飾演）依序站上舞臺呈現繪本中這一頁的畫面。

創作繪本中相似的
畫面，但又傳達完
全不同的心情。

（2）引導思考：

此時的朵朵心情如何？

天空是什麼顏色？象徵朵朵的心情。

2.加害者、被害者與保護者

（1）這個活動類似老鷹抓小雞的概念。將學員依人數分組，一
組四至五人，一人扮演加害者，一人扮演受害者，其餘皆
為保護者，保護者與受害者手牽手圍成一個圈，加害者要
想盡辦法抓到受害者，但保護者要緊拉住彼此的手，保護
受害者不被加害者抓到。

（2）當受害者被加害者抓到或加害者想喊停了，則要變換角色，希望每個人都可體驗到所有角色。

（3）若人數眾多，考慮到活動空間大小以及活動時會激烈奔跑的安全性，可讓一半組別先進行活動，另一半組別做觀察，有組別結束了即可讓觀察組進行活動。

此活動看似簡單，卻能讓參與者在其間扮演保護者與被保護者以及加害者等，體會不同角色複雜且幽微的心境。

小叮嚀

Tip 1 此活動非常激烈，須先詢問學員身體狀況。若過程中若有人太累太喘，皆可主動喊停休息。

Tip 2 此活動看似簡單，卻能讓參與者身在其中體會不同角色複雜且幽微的心境，例如加害者的快感或感受到困難或想放棄的軟弱等等；以及被害者的恐懼、被保護的安心、溫暖；還有保護者覺得自己有能力保護他人的榮譽感或者力不從心……有的人發現加害者可以先不耗體力的觀察有機可趁的時間點與方式，也有人發現一個人的力量太薄弱，需要更多人形成一個保護網絡才更有力量，更有人覺察受害者為何不站在圈圈中讓保護者保護，自己也要跟著跑——因為受害者不可能置身事外，而且自己也要動起來才能解救自己等等，這些都是非常深刻的體會。

3. 困境揭露

（1）問題討論：朵朵的天空為何會從湛藍跌入灰暗？

（2）困境靜像：徵求三位學員上臺創造出一個靜像劇面——

朵朵面臨了何種困境？

透過靜像定格畫面
可以清楚看到朵朵
面臨的困境。

小叮嚀

Tip 此靜像劇面可以從繪本中以輪胎、摩天輪等等象徵叔叔對
朵朵的折磨是一再地重複、循環，或狐狸代表性侵朵朵的惡魔
與惡夢等抽象概念來思考；抑或是繪本中叔叔搗住朵朵的嘴巴
要她不許叫，要脫朵朵衣服幫她洗澡等等具象的表達。

4. 困境論壇——改變現狀

邀請學員針對三位學員上臺創造出的朵朵面臨的困境靜像劇面
進行「困境論壇」——

（1）提出方法：請觀眾就呈現的靜像劇面提出可行的解決方法，

幫助朵朵逃離當下的困境，抑或是遏止叔叔的惡行。

（2）角色代替：可邀請提出方法的觀眾上臺代替其一角色（通常是朵朵或媽媽），引導者可依演員與觀眾的互動精準而細微地覺察、評估此方法的可行性與變化。

引導者根據學生創作的靜像，邀請學生嘗試提出應對方法——學生代替朵朵角色演出他提出的方法，翻轉叔叔的手，轉逆勢為優勢，並趁機跑掉，求救。學生做此動作很熟練，但在肯定學生提出的建議之外，仍需再進一步討論學齡前的朵朵其力氣能否做到這個動作。

另一組學生提出「鄰居打電話向員警求救」。這也是一個好方法——前提是，鄰居要能分辨求救的訊號以及朵朵要如何向外求助。

5. 陪伴與支持（透過具有戲劇情境的靜像劇面創作，嘗試提出可行的方式陪伴朵朵面對創傷走出陰霾）

（1）在上一個「困境論壇——改變現狀」的靜像劇面的討論，大多數人（特別是小學生）想到的會是與繪本的情節相同，打電話給 113 專線、或報警、或通報社會局，最終是叔叔被抓入獄。也許朵朵不再被叔叔侵害，但是心理的創傷陰影卻可能需要漫長的時間來修復。在現實的夢魘停止之後，再邀請學員一起來思索如何陪伴朵朵療癒創傷走出陰霾。

（2）請學員分組創作一「靜像劇面」或「流動靜像」或加入表情、動作、臺詞、走位、情節的演出，提出可行的方式陪伴朵朵面對創傷走出陰霾。

分組討論呈現如果身邊有類似朵朵這樣遭遇的同學，你可以如何向他釋出善意和溫暖。

小叮嚀

Tip 此活動可以算是最後收尾儀式——良心巷的戲劇情境版，若是時間不夠，亦可選擇做最後良心巷的收尾儀式即可。

6. 回到故事（讓讀者學習朵朵的媽媽處理的方式）

回到繪本，與孩子共讀媽媽如何處理朵朵被性猥褻的問題，以及如何陪伴朵朵再次開心展翅飛翔的過程。

7. 確立身體自主權（學習保護自己並尊重他人身體自主權）

請學員分組呈現一情境：「孩子該如何保衛身體自主權」或「大人應如何尊重孩子的身體自主權」。例如：有人要親你時，你要如何應對？或大人想親吻或擁抱可愛的孩子時，該如何表達？等等。

身體哪些部位是不能讓別人碰觸的？

小叮嚀

Tip 此一情境的呈現可以只做定格動作或以言語表達都可以，先透過活動呈現，檢視大家對身體自主權及身體界線的概念，引導者最後再補充正確概念。

8. 收尾儀式——良心巷

（讓每個人都有機會表達想法並傳達關心、練習同理）

請所有學員分成等數的兩組排成兩列，再將身體轉向面對面，中間空出一個走道，引導者可以抱一隻兔子玩偶象徵朵朵，當引導者帶著兔子玩偶走過每一個學員面前，請學員一個個輪流對朵朵說一句安慰支持的話語或是自己能為朵朵能陪伴朵朵做些什麼的想法。

進行良心巷時，有學生主動伸出雙手要擁抱我給我安慰，讓我感到十分窩心。

小叮嚀

Tip 1 **如果參與對象是小學生，擔心秩序混亂，可以讓說過話的人坐下來。**

Tip 2 **在整個互動技巧的探討中，靜像劇面的討論與呈現基本上會讓所有參與者參與其中，但分組討論也有可能會出現領導者負責出主意，而有些學員只是配合別人的想法以身體來參與。「良心巷」則提供一個機會讓所有人一定得面對此議題面對角色提出感覺或看法。**

2.13

喚醒靈魂——《影子要跳舞》

「沒有顏色，我看不見。

沒有聲音，我聽不見。

沒有氣味，我聞不到。

沒有語言，我無法說話。

沒有了靈魂，我感覺不到。」

——這是我寫在《影子國》開頭的句子。

在臺灣的大學兼課十年！我常跟學生說：「你們都用沉默來霸凌我。你們最常用頭顱來回應我。」活在全面淪陷於 3C 產品的時代，在餐廳、在街角、在任何角落，似乎很難看到彼此歡愉交談或者孤獨地端著書本翻閱的身影，多的是被藍光返照的幽靈般的臉孔，在大學的課堂裡，影片一放，燈一關，窗簾拉上，多數身軀不是昏昏睡死就是埋頭滑手機，即使燈開了，臺上我賣力像小丑使出渾身解數換來的還是一片死寂。甚至，我祭出十多年來看過最好笑的電影，這些二十歲的年輕軀殼真的沒了靈魂似的，幾乎面無表情，還有不少視線仍離不開手機螢幕——沒有了靈魂，這世界究竟是怎麼了！我真的想問。到後來看到對我的大螢幕無感，卻能盯著手機笑出來的宅男表情，我真想脫口而出，此生不曾飆出的髒話。

為了剩餘的一點熱情，我只能回頭寫故事。《影子要跳舞》這個故事的主題就是要喚醒沉睡的靈魂——「影子國」的追蹤者被賦

予拯救影子的重任，透過追蹤者一連串的訓練，實際就是開發追蹤者從身體到心靈所有感官的歷程，來拯救被 3C 產品（故事以隱喻的方式呈現）吞噬了的靈魂（影子代表靈魂）——影子是靈魂的概念，這靈感來自於王爾德的童話《打魚人和他的靈魂》，他把影子視為靈魂；感官開發是我的身體閱讀非常重要的一環，而認識我的人都知道我這一生信仰大自然，大自然是我生命的泉源，我相信也是所有生命的根源，在大自然中訓練身體、意志和靈魂的強壯，重新成為一個有感覺有靈魂的人，我認為是至為重要且是最有用的方法。

這個故事完成之後，帶了很多不同年齡層的學生玩了很多次，孩子們看見影像中的自己，沒有生命氣息沒有靈魂的自己——很恐怖，孩子說。還有大學生回饋說，還沒開始做活動，光是聽我讀故事的開頭幾頁就想哭了，感覺真有被遺棄的靈魂在他身旁哭泣。

故事到了最後，孩子恍然大悟，原來要拯救的是自己。故事很好聽，孩子說。很感動、很好玩、很刺激、孩子又說。

然後自動照樣造句——

沒有了阿嬤，我就沒有人照顧；
沒有了老師，我就會變得很笨；
沒有了空氣，我不能呼吸；
沒有了草地，我不能奔跑……

　　我創作故事的初衷，除了冀望我的文字能傳播愛與能量，並且也以能用身體閱讀操作為考量，所以這些文字這些故事都可以「play」。《影子要跳舞》可以說是小學生的最愛，跟著文字跳舞，所有感官被大大的開發，整個身體暢快淋漓的激發，同時也滿足成為英雄成為拯救者的榮譽感。

■ 文本

《影子要跳舞》

洪瓊君 著，2021，臺東市：會唱歌的石頭工作室。

■ 適用情境和對象

這個課程活動需要一點相信，一點投入和許多動能，中年級的孩子是最好的對象。雖然高年級以上的學生馬上就會拆穿這是一個假消息，但仍會很投入地玩，因為需要體能具有挑戰性的活動還是很受國中以下的學生歡迎，而且實在太好玩，連大人都感受到身臨其境的刺激。

■ 結合科目

1. 體育：通過體能與感官開發的活動，增進身體的敏捷度。
2. 生活：透過所有感官甦醒的綜合練習，讓身心靈與大自然更深的連結。

■ 活動場地

室內戶外皆可。但若是在室內需要比較大的可以跑跳的活動空間。

■ 活動材料

瑪格莉特女王寫的信、《影子要跳舞》圖文書、相機或手機、投影設備、數顆小塑膠球、數根細短的樹枝、繪本或畫、投影設備、A4 紙和筆、蒙眼布（口罩亦可）、一把鑰匙、一支軟棒（打到人不會痛的）、海報紙、彩色筆、泡綿雙面膠、剪刀。

■ 活動步驟

1. **進入影子國**（引導學生進入這個虛構的世界，瞭解任務內容，相信這個任務）

   材料：瑪格莉特女王寫的信、《影子要跳舞》圖文書、相機或手機、投影設備

   1. 讀信：老師拿出瑪格莉特女王寫的信來唸。

   親愛的飛鷹 99 號：
   我們知道這些年來你很認真執行影子追蹤保護的工作，你也很優秀。但事實上，你的年紀也到了可以退休的時候了，我們擔心你的體力與應變能力。現在，是你訓練新的一批影子追蹤保護者的最佳時機。
   目前影子王國正面臨前所未有的危機，我們迫切需要新血加

入，你得加速訓練的腳步，相信你能勝任這個任務。

祝福你。

瑪格莉特女王

2. 共讀文本：故事說到第六段。

「於是新生兒的國度展開拯救影子的行動，

他們訓練一批影子追蹤者，

看得很快，聽得到很多聲音，辨識多種氣味，

能分辨各種觸感，

還要訓練攀岩、爬山、過冰河……

同時擁有靈敏的心思，並且具備不同的才能。」

——準備開始追蹤者的訓練。

影子國的照片：以黑白模式，拍一張學生各自坐著或趴著，一副失魂無神的照片——真有不少小孩就會表演玩手機的樣子。

孩子們飾演失去靈魂的影子，十分傳神。

☆ 小故事

曾經在一整天的身體閱讀工作坊的開始，我跟孩子們說剛收到
一封女王寄來的信，我拿起信唸了內容。唸完信之後，沒有人
有問題，我宣佈特務訓練開始。

中午，一個七歲小孩走過來問我，真有影子居住的國家嗎？妳
是不是要讓我們勇敢，所以才騙我們的。

我愣了一下，還來不及回答，小孩拿起早上那封信打開來，嘴
巴張得很大：「沒有字啊！」他的雙胞胎哥哥走過來說：「這
是隱形字。」

「對啊！我練習了很久才看得到。」我說。

小孩把紙湊近鼻尖認真地看：「我好像看到一點點字了。真
的。」哥哥搶走信說：「我也要看。」看了很久之後說：「他
沒有寫說妳年紀有點大的話（早上我念到這句很生氣），老師，
我練習了很久，我只看到這一橫和這一橫（在紙上畫十字，因
為信是對摺的）。」

一個女生湊過來：「我也要看——沒有字啊！為什麼他看得到
（指第一個小男生）？」

「因為他練習很久啊！」我說。

2. 暖身（訓練專注力，身體的敏覺度，提升團體默契）

材料：數顆小塑膠球、數根細短的樹枝。

1. 傳接球

（1）傳一顆球：訓練者準備一顆小塑膠球，大家圍成一個圈，並且先介紹自己名字一輪之後，訓練者呼叫一位受訓者的名字，眼睛要注視著他，確定受訓者注意到訓練者了，就把球傳給他，然後，接到球的受訓者再呼叫另一人的名字，同樣彼此注意到了，再把球傳給他，球就這樣一直傳下去，不能傳給重複的人，最後，球會回傳到訓練者身上。

（2）傳很多球：訓練者準備不同顏色的小塑膠球，跟傳一顆球的模式相同，不同的是，當第一位接到球的受訓者傳出球之後，訓練者就再呼叫第一位接球的受訓者，等眼神對上了，再傳遞第二顆球給第一位受訓者，他也是用同樣的方式再傳第二顆球給下一位。所以，同時會有很多顆球在傳遞，但是最後球都會回到訓練者手中。

順傳球。　　連續傳球。

（3）正逆向傳球：與第二輪的做法相同按照順序傳球，一次
傳一顆球，可以依序傳許多球（十顆以內），每一顆球
傳到最後一個受訓者時（也就是訓練者的前一位），再
把球逆向回傳給把球傳給他的人，這樣，同時就有兩個
方向的球在傳，會很亂，但是，若能保持高度專注並和
他人眼神相對應，且用穩定速度和方向丟球的話，就會
做得有條不紊。

正逆同時傳球。

2.Hold

收集一些細短的樹枝，兩兩一組，最好身高較相等者。兩人互
以食指 hold 樹枝，而且要移動，保持樹枝不掉落下來。至少
進行 3~5 分鐘。

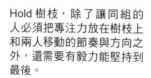

Hold 樹枝，除了讓同組的
人必須把專注力放在樹枝上
和兩人移動的節奏與方向之
外，還需要有毅力能堅持到
最後。

小叮嚀

Tip 1 活動結束後，可討論這些暖身的目的和彼此的感覺。這些暖身是訓練專注和默契很不錯的方式。

Tip 2 傳接球的活動之後，要引導受訓者體認到在團體中每一個人都是一顆螺絲，都必須專注在自己的工作上，也需要照顧到別人是否能跟上，整個團體的運作才會順利。

Tip 3 Hold 樹枝的活動，除了讓同組的人必須把專注力放在樹枝上和兩人移動的節奏與方向之外，還需要有毅力能堅持到最後。

3. 五感特訓

（開發所有感官，加強感官的敏銳度，同時培養專注力）

當然，要先詢問大家是否有意願接受訓練，成為像復仇者聯盟那樣厲害像金牌特務那樣機警的影子追蹤者——通常是，沒有人會拒絕這個令人期待的訓練與身分。

1.隨看隨畫

材料：繪本或畫、投影設備、A4 紙和筆

拿一本繪本或把繪本或畫投影在螢幕上，讓受訓者看 10 秒鐘便把繪本闔上或畫面關掉，再請受訓者在自己的紙上還原剛剛看到的畫面。可做兩、三次。

隨看隨畫，訓練專注力。

2.摸手掌

材料：蒙眼布（口罩亦可）。

將學生分組，每組派一名成員受訓（一次輪一人），將受訓的成員與其他成員分成兩邊對面站著，其他成員排成一排面向受訓的成員，用蒙眼布矇住受訓成員的眼睛，其他成員輪流來伸出手掌讓受訓者觸摸，然後，隨機跳出一個已被摸過的手掌測試受訓者，若受訓者未能分辨出已摸過一次的手掌就算失敗，反之，能立即分辨出已摸過的手掌就通過訓練。

摸手掌是開發觸覺也是訓練專注力的活動。

3.鑰匙守護者

材料：蒙眼布（口罩亦可）、一把鑰匙
　　　一支軟棒（打到人不會痛的）

所有人圍坐成一個圓圈，再請一位自願當守護者的受訓者盤腿坐在中間，鑰匙放在守護者伸手摸得到的地方，用蒙眼布矇住守護者的眼睛，並交給他一支軟棒。其他想要偷鑰匙的人要先舉手，一次一個，盡量不發出聲音地接近鑰匙。守護者要專注

鑰匙守護者訓練聽覺的專注力和身體的控制。

聆聽四周的變化，感覺哪處有聲音就可以用軟棒指向那個方向，若是指對方向，小偷就 out，但若都沒發現，小偷可能就能得手，守護者就 out。

4. 五感全開

可將所有受訓者排成橫列數排，以高度的想像力和動能依隨訓練者的環境指令移動到教室的另一邊，再換另一種環境的指令。

訓練者用你富有戲劇性的聲調引領受訓者進入一種想像——我們準備要進入一連串惡地嚴酷的訓練，要全心的投入才能大開所有感官——哇！眼前滾來很多小球，要小心地跳過去跳過去，球越滾越多，要更迅速跳過去……來到一片溪流，要遊過去，小心！前面有漩渦——小心！前面有急流……呼！終於上岸了——眼前又出現一座尖聳陡峭的高山，我們要往上爬往上爬，石頭很鬆滑很難爬，不小心就會滑落山谷，小心，還有落石……終於爬到山頂，有暴風雪！風雪很大，人一直被吹著倒退，不行！大家要牽手一起走，頂著風雪一步一步往前走——

終於走到終點，前面是一片平靜的湖水，可以躺下來好好休息，大大地喘一口氣，全身放鬆。（可以在此時播放自然音樂，關掉燈，安靜幾分鐘。）

以高度的想像力和動能，依隨訓練者的環境指令移動到教室的另一邊，學生都會全神投入。

小叮嚀

Tip 感官開發的遊戲會激發參與者想戰勝挑戰的榮譽心和競賽感，活動有靜有動，很受學生喜歡，但要提醒學生重要的是用心體會參與的過程，而非「競賽」的結果。

4. 戰士勳章（結合美術設計的活動，發揮創意，並藉此增進學生對此活動的認同感）

材料：海報紙、彩色筆、泡綿雙面膠、剪刀。

發給孩子材料，自製一枚勳章，並寫上自己取的戰士名字。製作完勳章，追蹤者排成橫列，來一個正式授勳的儀式，訓練者在每一個通過訓練的追蹤者的胸前貼上勳章。

孩子們認真地為自己彩繪勳章。

孩子們會很有榮譽心的期待被授予勳章。

5. **與自然相遇**（與音樂學習結合，讓學生聆聽不同類型的音樂；練習讓身體轉化為自然物或自然現象；提升感受力）

把之前拍的影子照片秀出來，並回到故事的第七段，影子盯著發光的機器狗，沒有交談，不再跳舞，而且正在退色。

訓練者播放不同類型的音樂片段，同時把故事唸出來，追蹤者對著螢幕裡的自己以身體化成故事裡的自然景觀：

「追蹤者帶影子去看——從山頂流洩的雲瀑的白，去看海洋浪花湧動的藍，去看風吹過樹梢、吹過稻尖、吹拂過臉頰的各種顏色的線條。再帶影子去觸摸陽光的溫暖，去撫觸雪的冰涼，去接觸石頭的堅硬，去撫摸花朵的柔軟，去感受流水的呼吸，去擁抱一棵樹的安定。」

追蹤者化作一顆石頭，
讓影子觸摸。

小叮嚀

Tip 1 時間充裕的話，可介紹各種不同類型的音樂讓學生認識。並可與學生討論他們都聽哪一類型的音樂。

Tip 2 最後一段可把學生分成兩組，一組先當影子，一組先當追蹤者，讓追蹤者用身體化成陽光、冰雪、石頭……自然現象或自然物，讓影子去接觸去感受；再交換角色。

Tip 3 鼓勵學生以服務的心態讓身體轉化為大自然，如果他要拯救的影子有感受到大自然的存在，感受到陽光的溫暖、石頭般的堅硬……拯救者此關的任務就達成了。

6. 短劇編創

把追蹤者分組，十～十五分鐘討論、編創出一個簡單的笑鬧劇。
再分別演給螢幕裡的影子看。

追蹤者負責搞笑，連影子都被逗樂了，跟著手舞足蹈。

小叮嚀

Tip 當追蹤者分組在臺上表演時，其他組別就是觀眾也是影子，只要有觀眾笑了，該組追蹤者這一關的任也就達成了。

7. 顏色的詩篇（與語文創作結合，開發聯想力、創作力）

訓練者（或者找一位追蹤者）念書裡的詩句給影子聽（其他的追蹤者就是聽眾）：

「金色在浪花上轉圈圈，跳著華爾滋的舞步，

1 2 3，1 2 3，1 2 3。

紅色舉起大螯用力揮舞，一邊小螯往嘴裡送食物，

是踢踏舞的節奏，

答答、答答、答答答答。

灰色從這塊岩石跳過那攤爛泥，滑進小潮裡，

撲通撲通，是街舞的招式。

白色浪沫和藍色的海洋在黑色礁岩之間，

伴奏華麗的交響樂章。」

小叮嚀

Tip 1 訓練者在唸完詩之後,可以邀請追蹤者提問——詩裡面的「金色、紅色、灰色、白色」意指何物?
Tip 2 也可以引導學生模仿此詩,創作一首顏色的短詩,用「顏色」代替任何具象的事物,例如:用「紅色」代替「招潮蟹」;用「灰色」意指「彈塗魚」……開啟學生對於字詞有新的想像。

我用身體說演這段抽象的詩句。

8. 說故事(透過故事加深對本書主題的感受力)

繪本第十四段「追蹤者說了一個漁夫愛上美人魚,用利刃把影子割掉,後來影子四處流浪,被欺負、被辱罵、被嫌棄,影子便只剩下忌妒、憤怒、怨恨和冷漠……的故事。」是指王爾德的童話〈漁夫和他的靈魂〉。訓練者(老師)可以參考這個故事來說。

說故事。

9. 跟隨 leader 舞動(與創造性舞蹈結合,開發肢體動作與身體的節奏感)

播放各種類型的音樂,隨機變換。訓練者喊一個追蹤者的名字,大家就跟著他的動作,追蹤者要配合音樂的節奏舞動,

當身體舞動起來，靈魂慢慢找到自己的節奏。

而且動作要注意到讓其他人可以跟上，還要有變化。訓練者隨機換不同的追蹤者當 leader。要讓所有追蹤者都有機會當 leader。

10. 回到故事（討論故事主旨）

「顏色回來了嗎？聲音回來了？觸感回來了？影子開始喳喳呼呼彼此交談了嗎？最最重要的是，影子又開始跳舞了嗎？」——這是訓練者最後要向大家提出的問題。

如果是，肯定是，那麼每個人都有資格成為守護影子的追蹤者。但是，「影子又代表什麼呢？」若影子代表靈魂，那什麼才是有靈魂的人呢？這是最後要跟大家討論的問題，也可請大家用身體的動作呈現答案，做最後的 end。

小叮嚀

Tip 1 另一種做法是，可以從「戰士勳章」之後，便將所有人分成兩組，輪流扮演影子和追蹤者。因為大家都想當英雄，沒人想當被拯救的那一方，所以輪流扮演，讓每個人都有機會當英雄。

Tip 2 身體閱讀的活動都是很彈性的，不論是時間還是人數還是活動的取捨。授課老師可以視現場的狀況自行調整。

2.14

製作屬於你的心靈繪本

　　我們圍著圓圈坐著。這次的塗鴉是在畫紙上選擇一個角落先畫上一個記號，然後，把紙傳給你右邊的夥伴，當你拿到別人的紙之後，你就可以隨意亂塗，然後，聽到老師說「換」，就再把紙傳給右邊的人，一直重複指令與傳紙的順序，直到你做記號的那張紙傳回到你手上為止。當學生，尤其是孩子一聽到可以在別人的紙上亂畫時，都顯得興奮不已，躍躍欲試，而且很多人會毫不留情地亂畫或塗上黑色甚至寫髒話，而成人，多半很客氣，甚至更多時候是畫禮物、正面的圖像，例如笑臉、愛心等等送給別人。

　　我們傳著畫，最終傳到手中的最初的畫紙上已不辨原色雜亂不堪，大多數的孩子拿到畫都感到沮喪、難過，因為實在太亂太髒太難看了。我要孩子們在生命畫紙上修正、改變，讓它成為自己要的樣子。

　　「可以換背面畫嗎？我不知道怎麼改變？我想放棄……」：孩子們說。

　　「生命不能交換，不能重來，也不能放棄，因為你有你存在的意義與價值。」：我說。

　　我用手機播放了舒米恩的〈不要放棄〉，念了其中的歌詞——

　　如果生命繼續向前，總能看到前方的路會開；

　　如果生命繼續向前，不論遇到壞的、好的，都是值得經驗的，

　　不要放棄自己，生命不會重來……

那些原本想放棄的不知如何改造的孩子們，竟然都拿起畫筆繼續在紙上畫下明亮的色彩。

　　後來，有人寫上正面的字眼鼓勵自己；有人畫了小船，海洋和山，讓自己愉悅；有人說，那是他的回憶，有別人對他的批評，也有對他的肯定……令人欣喜，這是出自五年級孩子的口。

　　末了，用一理想靜像做為祝福與期望。有人想成為老鷹，有人想成為一座山，還有人想成為李小龍！還有一個孩子令我印象深刻，把他畫的生命樹當作他的眼睛，他就那樣坐在角落，觀察別人如何與他的生命樹互動……

　　生命永遠可以選擇，最重要的選擇是要讓生命中得到的祝福與傷害成為什麼樣子。

■ 適用情境和對象

適合中年級以上。

■ 結合科目

1. 心靈閱讀：這個活動我在小學到青少年跨齡工作坊、親子活動到大學與志工培訓都做過，效果非常好，每個人在過程中獲得療癒，與當下的自我對話，也能得到成就感與力量。

2. 視覺藝術：整個繪本製作完成至少需要三、四個小時，我通常放在一系列的課程最後作為結束送給自己的禮物。若時間不夠長，亦可分四至五堂課來完成，一次完成一頁。

■ 活動場地

最好是在室內，木質地板尤佳。

■ 活動材料

回收的、有很多圖片的雜誌。大張粉彩紙摺成四折，兩張與折成四折之後的粉彩紙大小相同的瓦楞紙。口紅膠。雙面膠。剪刀。24 色蠟筆。A4 影印紙至少 4 張（以上材料均為一人份）。音樂播放器、輕柔或歌詞有激勵人心的音樂。

■ 活動步驟

1. 打破慣習、解放自由

請大家圍成圓圈，能看到彼此。老師可放音樂當作背景，每一個人拿到一盒蠟筆、一張 A4 紙，擺在自己前面。然後，拿起一枝蠟筆，可以折斷它、脫掉它的衣服等等，更自由地，閉上眼睛，用各種方式在紙上隨意亂畫。然後，請每個人簡單分享過程中的感覺。

打破慣習，折斷蠟筆。

2. 生命畫紙的塗鴉

再拿一張 A4 紙，在畫紙上選擇一個角落先畫上一個記號，然後，把紙傳給你右邊的夥伴，當你拿到別人的紙之後，你就可以隨意亂塗，然後，聽到老師說「換」，就再把紙傳給右邊的人，一直重複指令與傳紙的順序，直到你做記號的那張紙傳回到你手上為止。

3. 你可以做選擇

在這張生命畫紙上修正、改變，讓它成為自己要的樣子——我們的生命看起來是沒有辦法選擇我們的父母、兄弟姊妹甚至要遇到什麼樣的同學，在工作中遇到什麼樣的同事、上司⋯⋯好像都是無法選擇的，但我們至少可以做一件事，選擇你自己能接受的，把現狀修改成你願意接受的樣子——當然，你也可以選擇不改變，端看你如何看待這張生命畫紙。

傳畫塗鴉。

修改別人在自己生命畫紙上的塗鴉。

4. 分享

請每個人簡單分享過程中的感覺和他所做的改變。

5. 理想靜像

用一個理想靜像做為對自己的祝福與期望。可以是畫在紙上的,也可以是當下的感覺。

理想靜像,對自己的祝福——做自己。

6. 觀看當下

每人發一張 A4 紙,在紙上畫一個圓形,再將圓形分成四等分,當下有什麼連結有何想法有何畫面跑出來,想在圓形的四等分中畫上什麼都可以。最後,為這張畫命名,寫在畫的角落。

畫圓形四格圖。

7. 說故事與聆聽

兩人一組,分 A 及 B,A 先與 B 分享自己的畫,一人一分鐘為限,過程中 B 不能插嘴不能問問題。時間到,換 B 對 A 說自己的畫。訓練表達與聆聽的專注。

說故事與聆聽。

8. 生命的足跡

每人再拿一張 A4 紙，在紙上描出自己的足印。可從足部由下而上或任何分法，將自己的生命分成幾個部分，可用任何顏色或圖案或文字來代表那個生命階段。

9. 用身體詮釋

用身體的動作詮釋不同的階段。

好奇的小孩。

沉迷手機青少年。

被生活壓垮的壯年。

10. 完成繪本

最後，把粉彩紙摺成四折，把四張圖黏在每個內頁，封面和
封底黏上瓦楞紙固定，再黏貼各種雜誌的照片與自己的畫拼
貼成封面與封底的畫。

11. 展示

請大家把繪本放在上課空間的中心作展示，大家可以自由翻
閱觀看。亦可在繪本展示之前先讓大家簡單分享繪本製作過
程及完成之後的感覺和想法，最重要的是去觀照自己在過程
中有無改變及改變的歷程。

製作心靈繪本。

展示心靈繪本。

Tip 若時間不夠，或不想大費周章製作一本繪本，也可以做活動一
到活動五，也是一個完整的觀照自我的活動。

● 感謝家長邀請洪瓊君作家特地來幫我們作心靈的紓壓，
讓孩子更深一層的了解自己，放開自己。孩子好愛這樣
的課程~~很清楚的點出洪老師帶給他們不一樣的感覺~~
一直在我耳邊叨敘著。

● 講師洪瓊君老師藉由情緒管理繪本閱讀結合各種藝術療
癒的遊戲，讓孩子們從中學習到情緒管理、照顧自己心
靈的方法。

● 不可思議的用身體閱讀！！！感謝 洪瓊君老師的帶領，
讓大家從走路的韻律開始，學習與過往的人生進行對
話！太有趣了，透過相握的手（瓊君老師最新力作），
我們學習檢視封存已久的生活記憶，進而用身體連結，
有些思念，有些幽默，更多的是展現創意~。

● 感謝瓊君老師充滿活力的激勵，讓大家忘懷的投入每個
不同階段的人生經驗，大方的演繹觸動自己內心的那份
溫暖，真的太成功，太棒了！

● 我們總是教學生「五感」的運用，但，文本情境仍是平面。瓊君老師的身體閱讀卻讓文本變成 3D，讀者鑽入作者打造的時空當下，卻以自己的身體演繹出個人的閱讀共鳴！這很奇特！

● 妳是個好老師，無論如何，請妳一定要堅持下去，一個妳，卻可以拯救好多好多靈魂，妳是個超級無敵厲害的蜘蛛人，不過不要忘記，要休息，不要讓自己太累，這偉大的使命我會和妳和無數默默無聞、付出不求回報的人們一起努力完成。

● 會這麼愛妳，不單因為老師妳教學很棒，而是只有你，不斷喚醒我內在那善良的靈魂……妳總是叮嚀著要去看見美好，相信自己是最棒的，每次回想起老師妳，總覺得在我腦海中的妳，身後有一雙好大好白好美的翅膀，從光中走出來，帶著淺淺的微笑，什麼也不說，就這樣靜靜地肯定地看著我，老師，妳知道嗎？妳真的好像天使，跟我媽媽一樣美的天使，謝謝妳看到我，謝謝你，謝謝你，一千個謝謝你都無法表示我現在激動的心情……

Chapter 3

用身體閱讀大自然

| 用身體閱讀大自然

　　自 1996 年投入自然生命教育至今，哇！不可思議，竟然有這麼兩件事，教育和寫作，讓我這沒耐性的人堅持了近三十年，而且繼續在走。也許有的人天生就是屬物質的，有人天生就屬自然的——我從小就做著隱居山林的大夢，喜歡在雨裡在山間在霧底漫步，這一生揹著這老靈魂，對於自然，在過去是浪漫是渴望，在死過一回，每日如遊魂在海潮淹沒的沙地印下一行行孤獨的腳蹤，卻不知要走往何處的絕望底，大自然成了我的救贖。每一次的重生，皆因與自然神性的交會，給予孱弱靈魂再一次又一次的力量，那風拂過稻浪的喝采，那搧過芭蕉葉的掌聲，那一次次撐住意志缺乏的厚厚的樹身……我其實不知要如何將我與大自然的性靈神會傳遞分享給我的孩子與學生，但我知道，最深刻的都是在自然中與神性的交會，記得曾面對高山，我抱著女兒想像我們是滑過岫頂飛過雲深的老鷹，一遍一遍又一遍；記得在鮮綠清甜的稻禾前，我依然抱著女兒對她說：「媽媽沒有什麼財產留給你，但你記得眼前遼闊青綠的稻田和山巒，你呼吸的每一口香甜氣息，我們一起在自然中相遇的每一種神奇，都是媽媽這一生能留給你的最大資產和最美的回憶，這裡是你的家鄉，永遠在這裡等你。」二十年走過了，那一刻纏繞山間的長白雲，青蔥飛揚的綠，女兒身上的香氣，記憶猶新；也還記得和女兒在山徑裡閒踱步，看見大冠鷲御風而行，我感嘆地說：「好想成為一隻老鷹。」三歲的女兒說：「你到夢裡去就好了。

作夢，你就會有力量，你就會變成一隻老鷹。」也永遠記得，三歲的女兒懷抱滿身落葉，站到大石頭上，撒下一季秋天的契約，高聲說：「我要保護大地。」

大自然絕對是人類最大的資產，也會是最美的回憶，但咬著手機出生的 E 世代，似乎已遺忘或完全無法察覺自己對自然的需求與渴望。他們不會意識到在幽閉的建築物內釋放的二氧化碳讓自己頭昏腦脹，扭曲的姿勢讓全身脊椎關節錯位引發疾病，甚至過度陷溺電子產品多坐少動且缺乏親近自然，而導致注意力不專或急躁或人際關係障礙或憂鬱……的所謂「大自然缺失症」。

已經有足夠的證據顯示，人類在自然的環境下是健康是平和，且最能擁有幸福感——挪威和瑞典針對學齡前兒童的研究顯示，每天在平坦遊戲場玩耍的學齡前兒童，以及花同樣時間在樹木、岩石等高低不平的自然地玩耍的學齡前兒童，一年之後的比較，在自然環境裡玩耍的孩子在測試中展現了較佳的運動適能，尤其在平衡感和敏捷度方面。而另一項研究「無論天氣好壞都在戶外」玩耍的幼稚園孩童，比在安靜的玩耍空間，四周圍高樓環繞，有矮樹和磚砌小道的幼稚園孩童有更好的運動協調能力和更強的專注力。

英國和瑞典的研究者發現，身處在充滿樹林、綠葉、自然美景等綠色環境中的慢跑者，要比在健身房等人為環境裡燃燒相同熱量的人更有復原力，也更不容易焦慮、發怒和憂鬱。據美國史丹佛大學最近一項研究發現，六十名校內人員在自然環境或是繁忙的交通步道走五十分鐘，結果親近大自然的一組，焦慮降低、工作記憶

力提高。另一項針對芬蘭青少年的研究顯示，他們心煩意亂時常走進大自然，在自然中他們能澄澈心靈、釐清思緒並放鬆。也有專家學者指出，生活在自然景觀豐富的兒童，比住在自然景觀稀少的兒童，罹患由壓力引發的精神疾病的人數要少很多；病房裡能看見樹的病人比只看得見磚牆的病人要早一些出院。根據《英國郵報》2014年四月份的一則報導，研究證實多接觸郊外的綠色環境能夠減少罹患哮喘、過敏和慢性炎症等疾病的風險。

一些科學家也認為慢性炎症的增加是因為城市人的生活方式太乾淨。這項來自倫敦大學和美國亞利桑那大學科學家的研究透露，郊外的微生物和部份感染有助於防止免疫系統在不必要的時候激發炎症反應。

同時，英國的研究員表示，搬遷至綠色環境居住，能夠讓人的身心獲得持久的正面影響，比較加薪或升職，綠色環境對人心理的正面影響效果更為持久。這項研究的作者馬修‧懷特來自英國埃克塞特大學，懷特醫生表示，處於綠色環境的人心理壓力較低，做決定時思維更清晰，也會有較好的人際溝通。

更有許多科學家認為接近大自然能夠加強認知功能、自律和克制衝動，總體能增進心理健康。少到郊外接觸大自然可能會加劇注意力缺陷、焦慮症、多動障礙症狀和比率較高的憂鬱症。另一方面，綠色環境少的城市被認為與兒童肥胖數據激增有關，患病機率較高、年輕人和老人的死亡率也相對提高。最重要的是，據《科學日報》報導，伊利諾伊州大學的弗朗西絲明郭表示，經過嚴格的科

學審查，科學家發現居住在綠色環境的人性格更為慷慨，溝通能力比較好。鄰里關係更密切之餘，信任和互相幫助的情況比較多見。灰色城市則體現較高的暴力、罪行、財產犯罪等，孤獨也成為城市人越來越普遍的問題。

　　這些研究顯示，從個人到群體，從內而外，「綠」或「不綠」，自然不自然，對人類的身心靈是全面的影響。也有研究報告指出：學齡前兒童每天看一小時電視，將讓七歲前出現注意力不集中和其他注意力缺失症的可能性增加百分之十。而沉迷手機手遊為現代人帶來的負面影響更是不勝枚舉——不良姿勢及只用到手指而造成骨骼問題，藍光不僅戕害眼睛還會喪失注意力、影響作息、睡眠，打亂生理時鐘，且多坐少動，則會影響新陳代謝、情緒、免疫力、導致疾病多發，同時影響人際互動的能力、讓對話遲緩、還會削弱思考能力、降低記憶力……

　　人的身體、心靈都需要也渴望大自然的滋養，但全面淪陷於電子產品，特別是手機的現代人的意志，顯然明顯且過度忽略這個原始的需求，而導致身心靈失衡尚不自知。親近大自然是我生命的源頭活水，也是我書寫與教學生涯最重要的主題，我在我的另三本書《大自然嬉遊記》、《與孩子共享自然的 60 個遊戲》及《跟孩子玩自然》已設計了超過一百種在大自然中體驗的遊戲，而收錄在身體閱讀的理論篇與實踐篇的，則是以大自然書寫為文本所設計的閱讀深究與深化感受的教學活動。我深信，走入大自然，用身體閱讀大自然，是開啟靈性的一把重要的金鑰匙，如同埃里斯（Gretel

3.1

一起——〈幫小花取個名字吧〉

　　有一次我在親子身體閱讀活動中以我寫在《大自然嬉遊記裡》的一篇故事——〈幫小花取個名字吧〉來做為用身體閱讀大自然的暖身。故事裡的醜小花聽見老星星的嘆息，想在死去前看見一朵花的盛開，醜小花央求所有花兒為老星星綻放，卻沒有一朵花願意，醜小花只好獻醜開花給老星星看，老星星看到一朵花的綻開，終於滿足地墜落，墜落到醜小花的花瓣上——我運用「老師入戲」，一邊說演故事，同時扮演醜小花，要求所有人扮演一種花（什麼花都可以，所以除了水果名字的花、一般常見的花、還有人取一些比較不一樣的花名，例如老眼昏花），同時身體要做出花朵的開展狀。當我前去央求花兒開花時，每朵花都要用不同的理由拒絕我，好玩的是每一次每一朵花拒絕我的理由都未重複。所有人（除了我很忙）一邊跳出角色欣賞別人的表演，同時也在角色中以花的姿態定格，當輪到自己時又很認真地回應我。最後，我用怪異醜陋的姿態開花給老星星看，老星星滿足地墜落，我抽出掛在胸前的寶石項鍊，邀請大家：「幫我這朵花取個名字吧！」——這過程，有說演故事、老師入戲、角色扮演及創意的激發等等，參與者很投入在聽眾與演員之間轉換，親子之間也跳脫陪伴聽故事的狀態，在戲劇的情境中，成人／小孩，父母／兒女，都是平等的。這過程，我讓所有人不知不覺地參與演出，末了共讀文章，有一對母子說快哭了，

進入戲劇情境讓人更能感同身受。

　　之後，我在不同團體不同空間不同課程說演這個故事，神奇的是，在場的每個人不管大人小孩都能在對的時間以不重複的答案和反應回應我，讓在場的每個人都很享受這個即興的過程，再帶入共讀文章，身體閱讀讓我們打破了原有的認知也有了嶄新的想像。

■ 文本
〈幫小花取個名字吧〉
收錄於《大自然嬉遊記》，
洪瓊君 著，2016，臺中市：晨星出版。

■ 共讀文章
〈幫小花取個名字吧〉

　　在野外有一種蔓性藤本植物，喜歡伸出魔爪般的匍匐莖攀在別人身上生長，並且全株上下還會發出令人掩鼻避之唯恐不及的惡糞味，因此人們賦予它一個名副其實的臭名——雞屎藤。夏秋時分它會成簇地綻開紫紅心、白色筒狀花冠的小花來，精巧得似一支支小口紅，當然還是脫不了臭。不過它臭歸臭，聽說治胃病、感冒咳嗽效用還不錯，而且嫩葉煮熟了臭味盡失，炒蛋滋味還不惡呢！

　　看到它那碎紙片般的小花讓我想起一個童話故事。有一回我帶學生們上野外課，便在一叢盛開的雞屎藤面前，坐在舒軟的草地上告訴他們這則動人的故事：

　　在一個野生花園裡，眾花燦爛大方地開放，有一朵小花特別孤單，因為她不僅小，連顏色也不太好看，眾花們從不跟她聊天，只會偶爾嘲笑她，笑她的長相，但小花不以為忤，她總想：我雖然不好看，但我還是有自己的特色的。

　　夜裡，小花總喜歡仰著臉看星星，那藍藍紅紅的光感覺好溫暖啊！驀然，自大海般墨藍的夜空裡傳來一聲深沉的嘆息，那是一顆有著紅寶石光芒的老星星所發出來的長嘆，開始了星星和小花的對話。

　　「怎麼了，為什麼嘆氣呢？」小花關心的問。

　　「唉！我就快死了，可是我從未看過一朵盛開的花，每回我出來時花兒都睡著了，真想看看一朵盛開的花呀！」老星星惋惜地說。

　　老星星的嘆息引發了小花的同情心，她熱心地央求玫瑰花啦！山芙蓉啦！野牡丹啦！請她們開一會兒，就是沒有花兒肯幫忙。最後，小花滿懷歉意地對老星星說：「老星星，我開花給您看，可是我很醜，您可別介意哪！」於是小花努力撐開了花瓣！（說到這兒，我還得加上動作，雙手像畸型一般撐在胸前，滿臉掙扎的樣子，就像雞屎藤，怎麼撐就那麼丁點兒大。）

　　老星星看了之後滿足地嘆口氣：「啊！這真是我看過最美

的花了，真美啊！謝謝妳！」說完，便化成一道紅光劃過玻璃般的天空，墜落在小花的花瓣上了。從此，小花不再是醜花了，永遠都有顆寶石般的光在她瓣上閃爍著。

我問孩子們：「幫這小花取個名字吧！」「寶石花」、「星星花」、「藍寶花」……孩子們絞盡了腦汁奮力地想，「這作者給了小花一個名字，叫—— 流星花。」「哎呀！我本來要說這個名字的。」一個孩子懊惱地說。

當我向孩子講述這則自己改編的故事時，從孩子們認真的眼神中看到了感動。並且發現孩子對這樣說故事的方式印象深刻而且興趣濃厚，印象深刻的不止是故事，還有原本沒有好感的雞屎藤，以及造物者的神奇啊！

適用情境和對象

通常我用這個故事作為暖身故事，我的誇張說演很能吸引孩子的目光，同時又能讓每個人一起參與即興，這也是很棒的破冰活動。

這個故事很簡單，連幼兒都能理解，所以適合所有年齡層，特別是低年級和學齡前的孩子，親子也很適合。

結合科目

1. 表演藝術：說演故事、老師入戲、角色扮演，即興能力的培養。

2. 心理學：透過故事感受幫助他人的滿足。

■ **活動場地**

室內戶外皆可。

■ **活動材料**

共讀的文章〈幫小花取個名字吧〉。能作為流星寶石和老星星
的道具（我通常使用藍色的布作為星星，墜落時能製造流星的
效果，你一定能想到更好的～）。

■ **活動步驟**

1. 說演故事 → 2. 老師入戲 → 3. 邀請大家角色扮演 → 4. 共讀
文本。詳細步驟如前言所述。

老師入戲，拿藍色絲巾墜落。

學生做一朵朵花，我拿著星團請求學生為星星開花。

Tip 即興過程，老師入戲等同主持人的角色，要能有彈性且機警地
應對每一個不同的反應。這樣的挑戰也會帶來很大的成就感。但
別忘了，輕鬆愉快的氣氛是最重要的。

3.2

來一趟——〈氣味之旅〉

2018 年的六月，一位教寫作閱讀的老讀者寫了一則訊息給我——

老師：〈氣味之旅〉那一課，主旨是什麼呢？

包子（讀者女兒的小名）班上曾經討論過，但她的看法跟老師、大部分的學生不同，被否定了。她耿耿於懷，還哭了。

1. 老師看法：不要只用眼睛觀察也要用其他感官來感受。

2. 包子看法：要多接觸大自然才有意外的收穫，例如：雞屎藤花小巧美麗，大家可能以為它很香，但接觸後才知道正好相反。請老師再回覆喔。哈哈。

我有一篇文章名為〈氣味之旅〉，收錄在南一版本的小學四年級課文裡，這位熟識的讀者她的孩子正好讀到這篇課文，並且與老師有不同的看法，抑或更精準地說，學生未必是意見與老師不同，而是還有其他看法。

我回覆讀者：羅蘭・巴特說：「作者已死。」讀者自有詮釋權，若老師不能接受包子的看法，那是老師的觀念錯誤。老師的看法是我寫作的初衷——打開所有感官，不只是習慣使用的視覺。但我刻

意以雞屎藤和稜果榕做對比，也是包子說的，凡事不是我們以為的那樣。

讀者回說：我也持開放觀點。包子的成績單上被寫「再練習讀懂文章重點」，我覺得很怪，問包子讀不出文章重點嗎？她就哭著說這件事。謝謝作者本人答覆。其實我知道作者也很怕學校裡的制式思考，哈。我會轉告包子，謝謝老師喔！主要讓她敢於衝出框框提出看法。

這是學習很最重要的一環，有能力且勇於衝破制式思考框架提出己見。就讀者的詮釋立場而言，讀者會自其種族、文化、性別、年齡、階級、生活環境與生命的經驗……種種差異去看待一個文本，因此巴赫丁提出「眾聲喧嘩」，每位讀者都可以有自己的詮釋權，也都會有不同的詮釋立場，帶領閱讀的成人們，特別是最前端的教師們，更應該接受學生多方的見解，而不該讓學生侷限於一言堂。

大自然教會我們的，雞屎藤鮮花的臭和稜果榕腐果的香，都是打破我們認知框架的廣闊，親愛的閱讀帶領者，知識的傳授者，讓自己成為一片海洋吧！

■ **文本**

〈氣味之旅〉

收錄於《大自然嬉遊記》，

洪瓊君 著，2016，臺中市：晨星出版。

■ **共讀文章**

〈氣味之旅〉

　　初秋時分，我帶學生們來到愛河畔的草地上，颯爽微涼的風中飄送著各種花開果熟的氣味。我將事先準備好的長布取出，神秘地要學生們將眼睛蒙上，並且將手搭在另一個人的肩上，形成一個毛毛蟲隊伍，由我領著帶頭的學生，在草地上展開氣味之旅。

　　隊伍在怪叫驚喜中戰戰兢兢前進，我們來到繁星般的花叢間，雪花般的七里香傳來誘人的清香，學生們紛紛發表意見，像香水、像玉蘭花、比女人還香……赭紅色花瓣風車形狀的大王仙丹，似乎沒什麼味道，用力聞便能嗅出淡淡的橡膠味。

　　在大王仙丹叢中，有一種攀藤類植物，長筒狀粉紫色花，細碎得像紙灰，一陣微風拂來正好充份將它特殊而濃重的氣味撲入鼻中，我不懷好意地要孩子們湊近花叢用力呼吸，孩子們紛紛蹙眉彆嘴，誇張地作出嘔吐狀，「好像大便喔！」有人抗議地說。沒錯，這可愛小巧的花有著名副其實的臭名：「雞屎藤」。

　　我在地上撿了幾個熟透幾乎呈芭樂黃的稜果榕果實，孩子

們喜悅地大呼好香，像柳橙、像木瓜、像香蕉……說著口水都快流出來似的。

最後我將隊伍轉了個大彎，孩子們雖然知道已靠近河邊，卻意外發現愛河並沒有想像中的惡臭。

然後，我請孩子們卸下蒙眼布重見天日，並要求他們憑藉記憶找出剛才那些味道的源頭，當答案一一呈現眼前，真叫人驚訝。雞屎藤雖然惡臭如糞，花卻細緻美麗；稜果榕落地的熟果溢著水果香，卻爛得千瘡百孔，一點也不可口的樣子。只有七里香幸運的花如其香，大王仙丹和她的味道一樣，平淡無奇。

其實我們周遭充滿各種氣味，只是我們總是過於依賴眼睛做第一觸覺，尤其是走入大自然中。偶爾拋棄一下視覺，讓嗅覺充份發揮，會發現自然中充滿令人驚奇的味道喔！

■ 適用情境和對象

四歲以上即可適用此活動，但若要搭配課文，則三年級以上較適合。

■ 結合科目

1. 自然科：透過嗅覺探索大自然，開啟不同感官，訓練嗅覺的敏銳度。

2. 語文科：可搭配課文延伸學習，認識並描述各種自然物的獨特氣味。

■ **活動場地**

室內。

■ **活動材料**

蒙眼布（一人一條）或以口罩蒙眼。四種以上的葉子或花朵，新鮮或乾燥的花草皆可（視人數而定）。筆、紙。裝花草材料的小籃子或小盒子（可備可不備）。

■ **活動步驟**

1. 先將花葉材料答案的部分，分別放在不同的盒子或籃子裡，或一包一包的也可以。

香草植物。

2. 請學生蒙上蒙眼布或閉上眼，老師再將花葉材料放置學生手上，一手一片（不同植物的葉子或花），揉一揉再聞。每個人或每組聞的葉子最好不要重複。

開啟嗅覺之旅。

3. 在學生聞花葉的同時，把答案放至空間裡的不同位置，或
   在桌上排一整排亦可。

花葉放桌上
一整排。

4. 學生拆下蒙眼布之後，先把花葉的味道寫下來（例如：有
   哈密瓜的香味、刺鼻的辣味……等等），然後再以「好鼻
   功」找出答案。

5. 比較加上視覺之後的嗅覺，和先前蒙眼睛聞的味道是否有
   差異？

小叮嚀

Tip 1 可準備一些新鮮的桂花、蝶豆花、芳香萬壽菊、迷迭香、薄荷或乾
燥的薰衣草、茉莉花……這些植物味道強烈，顏色也鮮豔，做完活動，
可以當場泡花草茶來喝，延伸味覺的享受。

Tip 2 視活動時間和參與的年齡層，亦可用口語描述植物的氣味，不一定
要寫下來。

Tip 3 也可延伸以這些花葉創作一張圖畫。

■ **活動場地**

植物多的地方。

■ **活動材料**

蒙眼布（一人一條）或以口罩蒙眼。四種以上的葉子或花朵（視人數而定）。筆、紙。

■ **活動步驟**

1. 請學生先蒙上蒙眼布，老師再將事先採集好的葉子或放至學員手上，一手一片（不同植物的葉子或花），揉一揉再聞。每個人或每組聞的葉子最好不要重複。

蒙眼聞花葉。

2. 拆下蒙眼布之後，先把葉子的味道寫下來，然後再去尋找記憶中的氣味是出自哪一種植物。亦可更深入想像，用文字描述、用圖像表現，其所嗅聞的花葉的形狀、顏色等等，但不要猜是什麼植物。

書寫花葉形狀顏色或味道。

有塑膠味。

3. 也可以兩兩一組，一人扮演帶領者牽引另一位蒙上蒙眼布的夥伴，至樹底下聞幾種葉子或果實，落葉落果或生病的葉子，搓一搓聞一聞，再將蒙眼者帶回出發點，摘下蒙眼布，再找到答案。

帶領蒙眼者聞葉香花香。

4. 討論閉上眼睛聞氣味的想像和實際答案有何落差？

Tip 1 可視活動主題來採集自然物，也不一定只限定聞葉子、花朵、自然剝落的樹皮、樹枝、果實……都可以。

Tip 2 這是一趟未知的感官之旅，請老師引導學生以完全開放的心態接納各種想像與身體的感覺，同時，不讓大家聚焦在植物的名稱上，也都是要讓學生打破既有的框架，接受各種可能性。

3.3

把四季吃進嘴巴裡——〈嚐野果〉

有一則廣告叫《畫鯨魚的小孩》，其字幕是韓文翻譯，但其實演員說的是日文，而每一次我播完這則廣告問臺下的觀眾這是哪一國的影片？百分之九十五的人都會不假思索地回答：「韓國。」只有極少數的人會說：「不對，他們說的是日文。」這些年韓流席捲全臺，大眾對韓語的音調其實是不陌生的，但就因為我們習慣依賴視覺，以視覺先行，所以看到韓文字幕，其它感官就會鬆懈甚至關起來，試試看，當你閉上眼睛靜默下來，會聽見更多細微的聲音，或者很多聲音就會被放大，當我們放棄使用眼睛時，就會發現平時一向被我們忽略的種種感官，包括聽覺、嗅覺、味覺，甚至是觸覺……等等都活絡了起來，變得更加敏銳。

當你坐在有風走過的地方，可以靜靜地體會風吹過你的頭髮、臉頰、手臂以及身體其他部位時，那觸感是截然不同的；當你用指尖輕輕撫觸一棵樹的肌理紋路和你用整個身體擁抱一棵樹時，也會有迥然相異的體驗。

嗅覺及味覺更是一趟神秘的記憶之旅，我們隨著每一次的呼吸時時在嗅聞空氣中各種千奇百怪的氣味，輕壓一片花瓣，搓揉一片葉子，掐碎一顆熟果、澀果、腐果，甚至每一顆種子、每一粒石頭……都有它自己特有的氣味。

入口的野味亦是如此，在舌尖喉頭都有不同的嚼感和觸感。

　　這一次，就讓我們跟著〈嚐野果〉這篇文章一起打開味蕾，品嘗四季野味，把季節的風味吃進嘴巴裡。

■ **文本**

〈嚐野果〉

收錄於《大自然嬉遊記》，洪瓊君 著，
2016，臺中市：晨星出版。

■ **共讀文章**

〈嚐野果〉

　　帶學生到野外上課時，除了讓孩子們打開耳朵諦聽自然的聲音，並充分運用嗅覺感受各種植物不同的氣味之外，我還喜歡和孩子們一同分享大自然的另一項恩賜——嚐野果。

　　有一種匍匐野地而生的植物——毛西番蓮，它很細緻地用綠色密毛包裹未成熟的果實，等到綠色的果實轉成橘黃色時，我們就剝開薄薄的外皮，將黑色的種子及甜甜的汁液吸吮入口，味道有點接近百香果。

　　還有一種冬天結果的野菜——黑甜仔菜，它的果實黑黑圓圓像一粒小鋼珠，嚐起來味道酸酸甜甜的。不過我總要特別叮嚀孩子們，黑甜仔菜的果實具有輕微毒性，只能淺嚐幾顆不能貪多。

在嚐試野果的過程中，大部份的孩子總是等我先吃了一口確定沒事之後才敢嚐試；甚至有的孩子是一而再，再而三地看到其他孩子臉上喜悅滿足的笑容之後，才拋棄成見和我們一起嚐野果。在一次又一次的嚐試中，孩子們也於無形中體驗到大自然的豐富與奧妙。

我們嚐試過的許多野果中，最受孩子們歡迎的要屬南美假櫻桃了，它是一種野生喬木，也有人把它栽植為公園路樹。南美假櫻桃十分大方，一年四季都在開花結果，尤其當它結實纍纍時，站在樹下都能感覺濃而甜膩的香味瀰漫在空氣中。

每次經過南美假櫻桃樹，我們總會忍不住停下腳步，仔細尋找掛在枝上一顆顆粉紅、桃紅的成熟果實，有的個子矮小的便踮起腳尖或跳躍起來，手伸得老長採擷野果。自己嚐了幾顆後，還頗細心地將其餘的裝在盒子裡，帶回家給媽媽吃。

有一回我們停在幾棵欖仁樹下，我向孩子們介紹欖仁樹的葉子到了冬天會變紅，而且會一片片掉落，禿著枝椏等待春天來臨。有人揀拾它的落葉燒水喝，聽說可治肝病。而它的果實由綠變成黃色時有芭樂的香味，可以直接咬著吃。更有趣的是在它硬實的果殼裡面有一粒扁而細長的果仁，吃起來像杏仁果一樣可口……話還沒說完，幾個好奇心重的孩子已彎下身揀了幾顆褐色的果實問我能不能吃，我說要找爛一點的，把果殼敲碎才能吃到果仁。

於是我們一群人又蹲、又跪、又趴的，拿著石頭或磚塊對

著一顆棗子大小的欖仁果敲敲輾輾，費了好大勁兒，終於吃到了花生米一般小的果仁。其中一個孩子笑著說：「我們好像原始人。」

　　我想，就是這種接近土地的姿勢，孩子們一步步蛻去文明的束縛，享受自然的野宴。

■ 適用情境和對象
五歲以上都可參與此活動。

■ 結合科目
健康與生活：訓練味覺的敏銳度，並認識可食的野菜野果。

室內篇

■ 活動場地
室內，有桌椅的教室也可以。

■ 活動材料
蒙眼布（一人一條）亦可用口罩代替。筆、紙、色筆。各種可吃的野味（葉子、花、果實、植物的莖……）。

■ 活動步驟
1. 老師可以事先採集能直接食用的野菜野果，例如毛西番蓮、南美假櫻桃、龍葵果實、酢漿草的莖……也可以是可用來泡茶的花葉，像新鮮的桂花、蝶豆花、芳香萬壽菊、迷迭

香、薄荷或乾燥的薰衣草、茉莉花、洛神花等等。

2. 讓學生蒙上眼睛慢慢品嚐野果（一至三種即可），請聚焦在食物的形狀、質感、氣味（可以先聞一聞）和入口的滋味變化。

可食花草。

嚐酢漿草。

3. 當學生拿下眼罩後，可以在紙上畫出該食物，甚至可以塗上顏色，也可以用身體做出該食物的形狀，再分享各自味蕾的新發現。

在紙上畫出食物。

4. 將學員分組

（1）分組用身體集合成一種食物，讓其他組別猜。

（2）分組用身體組合成一種野菜野果，讓其他組別猜——剛剛吃到的或其它的都可以。

身體組合成一種野菜野果。

Tip 同樣的，希望老師能引導學生以開放的心態接納各種想像與身體的感覺，同時，不讓大家聚焦在認出這是什麼植物，而是要讓學生打破既有的框架，接受各種可能性，享受這一趟未知的感官之旅。

戶外篇

■ 活動場地

可以嚐到多種野味的曠野（植物相當豐富的地方）。

■ 活動材料

蒙眼布（一人一條）亦可用口罩代替。筆、紙。各種可吃的野味（葉子、花、果實、植物的莖……）。

■ 活動步驟

1. 老師事先在活動區域內找出可食的植物，並將其可食的部分寫在小卡上（例如：我是紫花酢醬草，我的葉柄可以吃……），活動前先把標示卡掛在植物上。

野味小卡。

2.請學生用蒙眼布蒙住眼睛，並排成一列。

（1）老師把一種野味放在蒙眼的人手中，讓學生嚐嚐手中的野味（最好每個人吃的野味皆不相同）。人數多時可分組，每一組只吃同一種野味。

（2）學員拆下蒙眼布後，先記錄記憶中的味道（例如：有如澀李一般的味道……），再於事先掛好牌子的植物中尋找他吃入口的野味。

蒙眼嚐野味。

有檳榔混和沙士的香味——過山香。

寫在卡片上：有檳榔混和沙士的香味——過山香。

小叮嚀

Tip 當遊戲帶有競賽的性質時，孩子們往往會過於在乎輸贏、名次，而使得情緒或場面失控，最好在活動進行之前，先做一些溫柔的叮嚀，重點在於孩子們從中親近自然、更進一步認識自然與人的關係，以及活動後的心得分享與記錄（可在活動結束前預留十分鐘讓孩子發表感想），誰的心得最有感覺、最精彩，可給予獎勵。當然，通通有獎是最皆大歡喜的了。遊戲的重點在於玩，而非結果。

3.4

靜獵——《人人都需要一顆石頭》

　　作者拜爾德・貝勒在本書的開宗明義就說了「人人都需要一顆石頭」。並且為那些只有三輪車、腳踏車、馬、大象、金魚、娃娃屋、消防車、機械龍和其他這樣的東西，卻沒有一顆石頭當朋友的小孩感到難過。他要告訴這些小孩，他自己的十條規則，如何選擇一顆由小孩自己發現，盡可能可以永永遠遠留在身邊的一顆特別的獨一無二的石頭。包括走進都是石頭的一座山或一條巷子或一條碎石子路，安靜地找石頭，甚至要幾乎把頭趴在地面上去把石頭看進眼裡，然後挑選一顆可以放在手心放進口袋裡的石頭，但不能小到可能會被老鼠誤認為是一顆種子而吃掉它的石頭，大小的選擇之外還要尋找完美的顏色，瞇著眼睛看或陽光剛好的時候看一顆石頭真實的顏色，當然也可以把石頭浸泡在水裡辨識石頭的顏色。

　　再來，要選擇石頭的形狀，它可以在眾石頭中顯現獨特，單獨放置；也可以融入上百顆石頭中，貢獻和諧的美。還有，要時常聞石頭，聞一聞這是來自地心來自大海或來自深山，被風和太陽撫摸一百萬年的石頭。

　　最後一條規則就是，一定要自己挑選。作者說他看過一隻蜥蜴從滿是石頭的沙漠挑了一顆石頭獨自坐在那裏；也看過一隻蝸牛爬過二十顆石頭，花了一整天找尋那顆他想要的。

　　拜爾德・貝勒用俏皮且遊戲意味濃厚的自由詩，鋪陳一座連結

大自然與孩童之間性靈的橋樑，讀者必須以五感通透來探索這座橋開展的風景；而繪者彼得・帕諾富有禪意的超寫實畫風，簡約且遼闊的線條，帶領讀者走進沉靜冥想的世界，展閱寬闊的想像空間。

現在，就讓我們出發，去尋找一顆盡可能可以永永遠遠留在身邊的一顆特別的獨一無二的石頭做朋友。

■ 文本

《人人都需要一顆石頭》

拜爾德・貝勒 著，丁凡 譯，2009，臺北市：典藏藝術家庭。

■ 適用情境與對象

小一以上皆可進行此項活動。

■ 結合科目

1. 自然科：用此書和延伸的身體閱讀活動，進行自然生命教育。

2. 五感開發：以五感尋找、觀察一顆石頭。

3. 寫作：寫一首觀察石頭的五感小詩。

4. 視覺藝術：彩繪石頭。

■ 活動場地

最好能在海邊進行，或者是石頭很多的公園、小路。

■ **活動材料**

石頭。A4 紙、鉛筆或原子筆、亦可準備
廣告顏料、畫筆或彩色筆。

一顆石頭。

■ **活動步驟**

1.共讀文本。

2.**尋找一顆石頭**（五感開發）

撿一顆喜歡的石頭，運用作者提醒的五感遊戲，選擇自己喜歡
的大小、形狀、顏色、味道和觸感，可以握在手上，放在手心，
或塞到口袋裡的特別的石頭。記得，跟大地真誠地說聲感謝，
謝謝大地的分享。

3.**感覺這顆石頭**（五感開發）

將石頭握在手心，閉上眼睛，感覺
石頭在手心的質感、溫度，甚至是
否還有其他特別的感覺。

用手觸摸石頭的質感。

4.**直觀畫寫石頭**（五感開發）

在紙上畫下石頭的形狀顏色，再用
文字形容石頭的質感、形狀、顏色，
並把石頭湊到鼻尖聞一聞，看看石
頭有沒有什麼特別的味道。

用文字形容石頭的質感、形狀、
顏色。

231

5. 與石頭對話 （心靈閱讀）

最後,再感覺一下這顆石頭,握在
手心或放在眼前好好端詳,把你想
對這顆石頭說的話,或者有感受到
石頭跟你說了什麼,都可以寫。

6. 五感小詩 （寫作）

從石頭的質感、形狀、顏色、味道,
最後到你和石頭的對話,串起來就
是一首五感小詩。

小 碎 石

石 少 鮮 豔 狀,
惟 有 黑 白 灰。
石 有 千 百 形,
各 永 不 相 同。
石 帶 塵 土 味,
石 落 泥 土 中。
取 石 洗 淨 土,
凹 凸 稜 角 尖。

五感小詩。

7. 彩繪石頭 （視覺藝術）

也可以準備廣告顏料或麥克筆、彩
色筆,在石頭上作畫。當然,廣告
顏料才能將畫保存得很久。

彩繪石頭。

小叮嚀

Tip 在靈性揚升的二十一世紀,關於石頭能帶來幸運、勇氣和
能量的例子多不勝數,你可以把你揀選的這顆石頭放在你隨
身攜帶的包包或你的床邊,心情不好時可以對著它吐吐氣,
石頭就會承接你的負面能量,再拿石頭去外面的地上敲一敲,
邊敲邊說:「大地之母還給你」。或者當你需要勇氣時,試
著握住石頭深呼吸看看,也許你就能更勇敢地面對挑戰;也
或者對著石頭許願,也許真能帶來好運氣呢!

3.5

傾聽──〈樹的語言〉

　　〈樹的語言〉這篇文章收錄在翰林版本六年級的國語課文中，我經常在作家有約活動，針對高年級或全校學生以這篇文章進行身體閱讀，有些段落由我來演繹，有些段落請學生上臺來角色扮演，透過身體閱讀，把文字立體化，意象具象化之後，學生輕輕鬆鬆就能記住文章內容，同時更能體會文字裡所要傳達的思想與情感。身體閱讀過程中不僅看到作家／老師在臺上誇張的動作而且還要帶臺下的同學一起做動作，感覺十分好笑，而同學在臺上即興演出，也會讓臺下的同學精神都振奮了起來，學習變得有趣，有趣就更能幫助記憶。記得有學生跟我說，我應該考試前來的，這樣他們都不用背書了。

　　當然，若能在校園或公園找一棵樹做朋友，觀察其四季變化的同時，進行此活動，會有更深刻的領會。

■ 文本

〈樹的語言〉

收錄於《大自然嬉遊記》，洪瓊君 著，2016，臺中市：晨星出版。

■ 共讀文本

〈樹的語言〉

（一）公園裡有一片高大的黑板樹林，我喜歡在有陽光的日子帶領孩子蒙上眼睛走過草皮，來到樹底下躺下來，睜開眼就會看見樹葉、雲朵，還有陽光篩落的影子手舞足蹈，像一群淘氣的孩子，熱情地向你訴說四季的故事。

（二）樹看起來似乎是沉默無言的，其實它經常向人們傳遞豐富的語彙，只有懂樹，用心靈和樹交朋友的人才聽得見。

（三）樹經常提醒我季節流轉的訊息，安全島上的羊蹄甲開成一片花林的時候，我知道春意已開始爛漫了；當鳳凰花在城市的街道燒成一片火紅的花海，暑氣也開始熾艷了；當臺灣欒樹悄悄抽長金黃的小花，長出桃紅色的蒴果，就是告訴我秋意已十分了；當印度紫檀落盡了葉，光禿著枝椏的時候，那就是北風瑟瑟，嚴冬冷冽的時節，我也靜靜等待著春天的腳步走近。

（四）校園裡的每一棵樹都掛著一張小卡片，那是樹向孩子們傾訴它的心情和故事，一棵鳳凰樹掛著的卡片寫道：

我喜歡孩子坐在我身上，

但是請不要搖我的手臂，

我會很痛。

另一棵楓香說的是：

我的葉子香香的，

秋天時會變紅，

我喜歡大家來看我。

（五）還有一棵苦楝告訴孩子一個祕密——她的男朋友就是校
門口旁的那棵阿伯勒。

（六）後來，有一個學生告訴我，現在她都不敢再隨意摘下任
何一片葉子，因為怕聽見樹木喊痛的聲音。

（七）公園裡的榕樹，細瘦的枝幹被人掛上重重的秋千，孩子
坐在秋千上盪得好高好遠，榕樹軟軟的枝幹和滿樹的綠
葉也跟著抖哇！抖哇！榕樹「咿呀、咿呀」喊痛的聲音，
盪秋千的孩子聽不見。

（八）公園裡另外一棵老樹，因為在它周圍活動的人起了爭
執，其中一方憤而剝光老樹的皮，老樹就只剩下光禿禿
的枝椏伸向蒼穹，頑強的枯立著——老樹無奈的嘆息，
剝掉樹皮的人也聽不見。

（九）當我煩惱、悲傷的時候，我總會想走近一棵樹，走入一
片樹林，聽聽風和樹的對話，還有輕快的鳥語，就像母
親的歌聲一般撫慰我的心靈，讓我忘記原來的苦惱。

（十）如果你也想聽見樹的語言，試著安靜地走到樹下，伸手
觸摸樹，用身體擁抱樹，感覺那棵樹，甚至跟樹說說
話……用心靈和樹交朋友，你就會聽見樹的低語。

■ 適用情境與對象

適合高年級以上的學生，成人也很適合。

■ 結合科目

1. 自然科：從外而內，打開眼耳鼻舌身意，進行樹木的生態觀察或情意表達或者與大自然有更深的連結。
2. 語文科：結合課文閱讀，透過身體動作，加深對文本的印象。
3. 表演藝術：透過角色扮演、模擬一顆種子的生長，開發肢體與即興能力，同時也能培養同理心。

■ 活動場地

室內戶外皆可，在戶外有樹的地方更佳。

■ 活動材料

共讀的文章。紙、筆、膠帶。

閉上眼睛深呼吸、感受四周。

■ 活動步驟

1. 暖身（靜心、五感開發）

1. 呼吸練習：請學生閉上眼睛，從丹田處深吸一口氣再慢慢吐氣，可以從鼻子吸氣再從嘴巴吐氣。重複幾次呼吸，若學生顯得浮躁，可以多練習幾次。
2. 請學生再深呼吸一次，聞到什麼味道？
3. 請學生用眼睛掃描一下四周，看到了什麼？
4. 請學生閉上眼睛 30 秒，聽到什麼聲音？

把手彎成碗狀，放在耳旁向後收集身後的聲音，手碗向前，則收集前面的聲音。

2. 共讀文章

老師或請學生朗讀第三段,並簡單討論文中提到的樹種。

3. 動作記憶法 (語文科)

老師可以用四種動作分別代表春天的
羊蹄甲、夏天的鳳凰木、秋天的臺灣
欒樹、冬天的印度紫檀。例如:羊蹄
甲的葉子是接近愛心的腎形;鳳凰木
像火一樣燃燒;冬天是蕭索枯槁……
再請學生念一遍文章,老師做動作,
或老師念文章,學生做動作。

動作記憶法:鳳凰木像火一樣
燃燒。

4. 共讀文章

老師唸或請學生朗讀第四段。

5. 角色扮演-1 (表演藝術、自然科)

請一位自願的學生上臺扮演鳳凰木,
請另一位至兩位學生扮演調皮的小孩
在樹下玩,搖樹枝。
請扮演鳳凰木的同學說一下感受。

自願的學生上臺扮演鳳凰木,
請另一位至兩位學生扮演調皮
的小孩在樹下玩,搖樹枝。

237

6. 角色扮演-2 （表演藝術、自然科）

請一位同學扮演楓香，另兩至三位同
學扮演路人，經過楓香，湊近去聞楓
香葉子的香味，並且要讚美樹。

請扮演楓香的同學說一下感受。

7. 共讀文章

老師或請學生朗讀第七和第八段。

扮演楓香，另兩至三位同學扮演
路人，經過楓香，湊近去聞楓香
葉子的香味，並且要讚美樹。

8.感同身受 （表演藝術、自然科、同理心）

準備空白紙和膠帶，請三、四位同學扮演路人，並各自在一張
紙上寫一個負面的詞句，例如：你好醜。你好臭。你沒用。你
討厭……

再請一位同學扮演老榕樹，把同學寫
字的紙用膠帶貼在榕樹身上。扮演路
人的同學討論一個情境，搬演在樹下
起衝突，最後，對著樹辱罵，再把黏
在樹身上的紙撕掉。

請扮演老榕樹的同學說一下感受。並
用力給老榕樹一個擁抱和掌聲。

在作家有約的活動中進行〈樹的
語言〉身體閱讀——感同身受。

9.一顆種子（表演藝術、自然科）

請學生想像自己是一顆種子，埋在土裡，濕冷又陰暗的土地裡，是什麼感覺？雨水落下來了，滋潤了大地，雨停了，陽光灑下來，好溫暖，風也吹過來，好舒服，慢慢地，種子衝破堅硬的泥土，冒出一枝、兩枝嫩芽，愈長愈大愈長愈高，慢慢長成一棵小樹——先停在這裡，請學生想想要長成一棵什麼樣的樹？想好了，再循環一次，雨落下、風吹來，雨停了，陽光灑下來，好溫暖，小樹終於長成大樹。

請學生定格，一個一個問學生樹的名字。

從一顆種子
長成大樹。

10.擁抱一棵樹（自然科、心靈閱讀）

若在戶外進行，可請學生先看看周遭的樹。
最後，也可以請學生寫下或畫下剛剛成為
一棵樹的感覺。

希望樹。

3.6

在自然與人為之間——靜獵

　　「靜獵」是南美洲的印地安人訓練族裡少年狩獵的入門方式——他們把少年帶至森林中，狩獵的工具是敏銳的目光和安靜的心。少年把自己想像成一棵樹或一塊岩石，身體跟土地一起呼吸，心跳隨自然的節奏起伏，讓獵物渾然不覺靜獵者的存在而一步步接近，進入少年的狩獵範圍。

　　黃雅淳教授於推薦序中說：「《我在海邊靜獵》以「靜獵」為創作核心，內容以充滿意象的詩文、細緻的繪圖與紀實的照片，引領讀者進行一場潮間帶海岸靜獵練習。

　　靜獵視角從清晨華麗絢爛的海上日出遠景，再切換至潮間帶的生物，如招潮蟹的行為、招潮蟹各形各色的家的造型、彈塗魚的姿態以及沿岸島蜥大啖午餐等等近景觀察。

　　接下來作者又引領讀者微觀佈滿沙灘，比珍珠還璀璨耀眼的各種貝類和不同尺寸大小的寄居蟹，再拉遠視角宏觀被時間被海浪被風被雨水雕刻的岩層藝術品；之後目光又射向海底森林瑰麗繁複的生態樣貌，再轉向海漂上岸的種子，如棋盤腳、濱刺麥等等；最後「靜獵」聚焦陸地各種生物的足跡和氣味，提醒讀者——專注、判斷和追蹤生物的痕跡，是一個好獵人必備的技能。」

　　同時，以目光靜獵之外，作者還帶領讀者打開耳朵諦聽萬物多樣的樂音。

在海邊靜獵結束之前，作者和讀者一起靜獵大自然的祝福——那是來自原住民生活的智慧與海洋豐饒的生息。

《我在海邊靜獵》邀請讀者打開所有感官，接收來自海洋大地所有美好的訊息和療癒的能量……」

《我在海邊靜獵》這個創作場景就在離我家不遠的平常鮮有人跡的海邊，我在不同時間不同季節去，閒著沒事時去，忙碌時也要去；心情愉快時去，心情不好時更要去；我用所有感官來接收這片潮間帶給我的所有美好的訊息，廣闊的海洋、溫暖的海水也帶給我莫大的療癒，每一次造訪，都會有不同的發現和感動。

雖然絕大多數的課程無法把場景拉到海邊山巔去上課，但至少還有校園還有公園，這一個課程活動最好能帶到自然環境做身體的體驗，感受會更強烈。而我每一次把學生帶至校園摸摸樹、傾聽樹、感受大地的心跳，甚至把上課場景拉至海邊，呼吸海潮的氣息，學生都非常快樂，不論是體驗、與自然連結或是各種延伸活動的書寫畫圖都要比平時上課還要認真許多倍，每一次旁觀的、偕同的老師都非常肯定也很喜歡這樣的上課方式，但也每一次都會再補上一句：「我們很少有機會這樣上課……甚至，從來沒有過。」——這實在是極其弔詭的事。

因為來不及感受大自然的美好，所以對於大自然的消逝無感，這才是真正的危機所在。

■ **文本**

《我在海邊靜獵》

洪瓊君 文，陳眉如 圖，2019，臺中市：晨星出版。

■ **適用情境和對象**

適合低年級以上。

■ **結合科目**

1. 自然科：打開感官，更細微地觀察海邊的生物與自然現象，並且更細膩的體驗大自然生命的存在。

2. 表演藝術：用身體模擬種子的生長與傳播方式。

3. 語文科：用身體閱讀擴展聯想力，延伸以石頭、以時間、以夢想為主題的短詩創作。

■ **活動場地**

最好是在有樹有草地的自然環境進行，如果能在海邊進行更好。若只能在室內，最好有木地板或鋪著軟墊等能夠進行身體活動的場地。

■ **活動材料**

《我在海邊靜獵》繪本、A4 紙一人一張、筆（鉛筆、色鉛筆皆可）、文件夾板。

■ 活動步驟

1. 暖身（肢體開發）

身體造型變變變

大家都有玩過一、二、三木頭人的遊戲，我通常會要求做三次木頭人，每一次都要不同方向、角度和高低水準。然後就依照木頭人定格的方式，指定變形，例如：一二三，變星星、一二三，變石頭、一二三，變大樹、一二三，變小狗、一二三變獅子……

小叮嚀

Tip 若時間允許也可以循序加入其他戲劇元素，例如一二三變獅子（只能有定格動作）→加聲音→加動作（就可以動來動去，但不可碰到別人）。

變形木頭人——變猴子。

2. 用身體演繹文字

1. 造型練習（從最簡單的身體練習做造型到以身體做抽象概念的表現，最後提升到創作的境界）

（1）用身體做出「星星」的造型。

用身體做星星造型。

分組用身體做星星造型。

（2）用身體做出「日光」。

用身體做流動
的日光。

（3）先討論什麼東西可以代表「時間」？例如：時鐘、沙漏、
　　流水、生命的過程……再用身體的動作做出來，靜止不
　　動或持續流動都可以。

用身體表現
時間。

（4）用身體表現出流水的樣子。

（5）請用「時間」、「流水」的身體意象創作出一幅畫。
　　請做一靜止動作，並為此畫作命名。

用身體表現流水。

用身體作畫。

小叮嚀

Tip 世界的美麗是因為每個生命的不同樣貌，所以在課堂上每個人
獨特的表現都是美麗而耀眼的，引導者要鼓勵大家對抽象概念的
詮釋（如：時間）、形象的轉化（如日光、流水）可以大膽的定義、
想像，不要被框架束縛，盡情揮灑創意。

245

2. 邊說邊做

引導者唸以下這段文字，學員配合文字的節奏，用身體依著文字做出「狂歡的星星」、「日光」、「時間」、「流水」和「一幅畫」──引導者最後走到每一幅畫旁邊，請創作者說出畫的名字。

「昨晚在黑夜裡狂歡的星星，

在早晨全都跑到藍色大浴缸裡洗澡。

日光在石頭上跳舞。

時間在岩石上；流水在沙地上，

蝕刻一幅幅美麗的畫。」

用身體演繹
文字。

小叮嚀

Tip 不管是用身體做具體的造型抑或是抽象的概念，鼓勵學員要有自信，原則是：「在這個空間，你認為你是你就是。」只要身體有所展現都是被肯定的。而且跟著文字的節奏，每個人的即興創作集合起來就會變成一支舞蹈。

3. 動物的家（身體做造型的練習、合作訓練）

1. 對稱與不對稱

（1）用身體做出對稱的動作。

（2）用身體做出不對稱的動作。

對稱的動作。   不對稱的動作。

（3）對稱和不對稱的指令輪流做幾次。

將學員分組，以對稱
的概念用身體創造出
一種動物的家，例如：
鳥巢、蜘蛛網、蝙蝠
洞……。

集合創作動物的家——學生用身體組合蜘蛛網。

小叮嚀

Tip 1 在下指令之前，先給一些對稱的概念，例如：眼睛、耳朵、蝴蝶
的翅膀、房屋的造型……都是對稱。

Tip 2 創作「動物的家」之後，引導者可與大家討論動物的家的造型是
否都是以圓形、弧形為主，而人造物、人們蓋的房子是否都是以直角、
邊邊角角為主。

4. 收尾儀式：海洋的夢（身體和想像力的開發）

請做出一種海洋生物的定格造型。

加入動作和聲音，讓海洋生物動起來。

繪本中有一段文字：

穿透海洋，我靜獵到海底一片森林，

色彩斑斕艷麗有各種形狀的珊瑚、海葵、海星、水母，

還有小丑魚……

他們低聲說著自己的夢——

珊瑚說：「好想到夜晚的天空，和星星一起跳舞。」

水母說：「我們想在四月的森林，和阿地梆梆一起飛。」

（註：阿地梆梆「'adipangpang」，阿美語：蝴蝶。）

引導者唸出這段文字，請學員在原地以海洋的生物做無聲的動作，當文字結束，請大家停格，用定格的動作表現出自己的夢想。引導者走到每一個海洋生物旁，請創作者說出自己的夢想，並輔以動作。

海洋的夢。

小叮嚀

Tip 1 若生物動起來會彼此干擾，場面失控，便讓生物在原地動作即可。

Tip 2 夢想不論大小，不論實際能否達成，都可以天馬行空地想。睡一個好覺、吃一支霜淇淋、和飛魚一起飛上天、到整個世界去走一走……都是好的。

248

3.7

開啟身心靈平衡的金鑰匙——《大自然說》

　　三十年來浸潤在大自然的愛裡，有許多奇遇——荒野地裡纏綿悱惻的南蛇大跳求偶舞；自然界的流氓虎頭蜂將樹間所有各據一方相安無事進食的蝴蝶、金龜子全踢開獨享午餐；大白日群聚公園苦楝樹上睡大覺的角鴞；在白雞油樹上漫漫長月孵蛋的黑冠麻鷺……還有各種性愛姿態如蝴蝶靜止般的永恆、樹蛙維持一整夜的紋風不動、八星五甲蟲的急躁、短腹幽蟌舞蹈般的優雅……

　　當然，還有更多與自然生命心靈相通的靈動時刻——一隻變換不同角度努力推糞花了半小時才走 300 公尺的糞金龜教導我堅持的毅力；一夕落光整樹老葉而迅速再度冒出新芽重生的桃花心木，讓我體會到看似失去其實獲得更多的真理；風中的穗浪、雨中的芭蕉葉和不斷出現在我夢中的檜木老樹一再一再的為我加油打氣，帶給我生命的力量。

　　人的身體、心靈都需要也渴望大自然的滋養，但現代人生活過度依賴電子產品特別是手機，顯然明顯且過度忽略這個原始的需求而導致身心靈失衡或且不自知。走入大自然，用身體閱讀大自然，是開啟身心靈平衡的一把重要的金鑰匙。

　　梭羅說過：「荒野中蘊含著世界的救贖。」《大自然說》則是我積累了半生從大自然獲得療癒救贖的現身說法，范欽慧在推薦語中如是說：「作者扮演巫師般的角色，轉譯一般人聽不懂的大自

然的奧義，透過書中小女孩對生命的種種恐懼和叩問與大自然的回應，讀者看到的是唯美的文字如夢似幻的圖畫建構出每一頁每一個奇蹟的時刻，都有守護女神呵護著小女孩，以大自然的豐盛韌性和寬闊的愛，陪伴小女孩一起面對挫折與懼怕，直到女孩茁壯了，與她內在的神性合一，在形體上也表現出來，完全的自由……

《大自然說》對各種年齡層的讀者，施展不同的魔力，並都獲得了愛的療癒力量。」

與大自然相遇的奇蹟的瞬間，是這麼多年我跌跌撞撞的生命路途安慰我啟發我的最強大的療癒藥方，也是我最想送給我的孩子最棒的禮物。因此我把這些年的觸動領受寫成這本《大自然說》的繪本與大家分享，希望能在你害怕時給你力量，軟弱時給你安慰，灰心沮喪時讓你望向光亮。

我願，這本自然繪本是送給這世紀所有讀者，一份深情療癒的禮物。透過身體閱讀《大自然說》，期望家長們志工們將大自然的療癒力帶入校園，帶至說故事的場域，進行一場心靈綠色革命。

■ 文本
《大自然說》
洪瓊君 文，詹雁子 圖，2020，臺中市：晨星出版。

■ 適用情境和對象

適合低年級以上。

■ 結合科目

心靈閱讀：透過身體閱讀《大自然說》與香草療癒，讓心靈與大自然對話，增進身心靈平衡。

■ 活動場地

最好在自然的場域。

■ 活動材料

《大自然說》繪本。A4紙（一人一張）、筆（鉛筆、原子筆皆可，一人一枝）。口罩。乾艾草1包、香茅1包、黃荊1包、樟樹1包、紗網袋1包。影印紙或色紙或粉彩紙、剪刀。小塑膠盤或廣告DM摺成的紙盒（一人四個）。

■ 活動步驟

1. 導讀《大自然說》（讓學員認識這本書的內容，對大自然的療癒產生概念）

引導者先簡單介紹這本書。

導讀。

2. 暖身暖聲（練習聲音的變化與掌握）

　1. 請大家圍成圈。

　2. 共讀14~17頁。「我不想一個人」的主題。

　3. 由引導者開始，以最微小的聲音開始傳遞並加一個身體的

動作，依序傳給右邊的人，聲音要越傳越大聲，動作要越做越大。

4. 第二輪相反，由引導者開始以最宏大的聲音開始傳遞並加一個身體的動作，依序傳給左邊的人，聲音要越傳越小聲。

依序傳聲音，由小至大。

依序傳聲音，由大至小。

5. 各自選擇發出一種風的聲音，依序輪流。每個人都不同。

6. 再輪流發出一次上一輪自己發出的風的聲音，加上動作。

傳風聲。

風聲加上動作。

小叮嚀

Tip 1 對於風聲的揣摩可以很自由，只要能發揮創意都可接受。

Tip 2 看到大家對於風的模擬之後，便會發現風也有各種情緒，也有很多變化。

3. 大自然合唱團（模擬自然的聲音，練習節奏與團隊合作）

1. 將學員等數分成四至五組。

2. 請各組決定一種自然的聲音加上動作，要有節奏。

3. 請所有組別站成半圓形，引導者站在各組前面，如同指揮家。引導者的手如指揮棒點到哪一組哪一組就要發出該組練習的聲音和動作。引導者的指揮有幾個訊號，（1）手掌向上逐漸抬高，聲音和動作就要加大。（2）手心向下往下壓，聲音和動作就要變小。（3）握拳就是停止。

4. 引導者指揮各組分別或同時發出聲音及動作，如同交響樂團般，從過程中去嘗試去感受聲音節奏的協調與不協調。

5. 若還有時間，可以邀請願意嘗試當指揮的學員出來玩看看。

大自然合唱團。

Tip 1 因聲音和動作可能會連續重複很多次，未免節奏亂掉及太累，故聲音、動作都要盡量簡潔有力，節奏也要清楚簡單才不至亂掉。

Tip 2 引導者在指揮時不必拘泥順序，可以認真感覺而隨機指揮任一組別，合唱團若沒有得到指揮停止的手勢訊息則要持續聲音與動作，一手指揮一組，雙手可同時指揮兩組，指揮越投入，整體的動能就會越大，大家拼湊出的樂音就會產生奇妙的不協調的協調美感，過程是很驚人的。而且，當你開始注意大自然裡的各種聲音，你會發現大自然熱鬧得很呢！

4. **毛毛蟲蒙眼走路（練習關閉視覺，感受黑感受其他感官的打開。同時增進對同伴的信任）**

1. 共讀 6~9 頁。「我怕黑」這段主題。

2. 請大家依序排成一行，並且將雙手搭在前面的人的肩膀上。

3. 用口罩代替眼罩，將眼睛蒙起來。

4. 引導者站在隊伍的前面，握住第一個人的雙手，慢慢引導整個隊伍前進，走一段路。

5. 請大家睜開眼睛，可以站在原地或圍圓圈坐下分享大家睜開眼睛後想說的第一句話以及有什麼特別的感動。最後，分享《大自然說》裡面的守護女神的眼睛多是下垂或被羽毛被樹葉被花瓣被蝴蝶所遮住，是因為閉上眼睛其他感官更能打開；閉上眼睛才能用心感受。

在海邊毛毛蟲蒙眼走路，眼睛以外的感官變得更加敏銳。

小叮嚀

Tip 1 在出發之前，引導者先提醒大家，把身體交出去，信任引導者信任隊友也信任自己，打開眼睛以外的感官，去感覺腳下的觸感，嗅聞空氣中的氣息，聆聽周遭的聲音以及心的感受。

Tip 2 引導者在安全的範圍內盡量選擇土地有較多變化的場地。如果可以，請學員赤腳。帶領的時間由引導者視團體的動能而訂。

Tip 3 我在草地在海邊都帶過這個活動，特別是在海邊大家的感受都非常新奇與深刻，從開始的恐懼到後來的放鬆、信任，赤足走過礫石灘、溪流與沙灘、甚至讓海水漫漶過雙腳，身體的感覺變得更加敏銳，而當大家轉向大海，張開眼睛的瞬間都驚呼了起來：「海特別的藍」、「海水的聲音這麼好聽」……因為深沉的黑暗，明亮的光才會更顯美麗。

5. 最大與最小

（開發身體的可能性與想像力，回應並延伸書中的主題）

1. 共讀 18-27 頁。「我好脆弱，我的心常受傷」這段主題。

2. 請大家用定格表現一種最小的「東西」。引導者走到學員旁邊請學員分享他的答案。

螞蟻、微生物……

3. 請大家用定格表現一種最大的「東西」。引導者走到學員
   旁邊請學員分享他的答案。

大象、宇宙……

4. 請大家用定格表現一種最特別的「東西」。引導者走到學
   員旁邊請學員分享他的答案。

愛、大地、自己
……

5. 將學員等數分成數組，請學員分組合作用身體集合成一種
   公認為微小卻很有力量或很有啟發性的生物或自然現象。

6. 分組呈現，並做討論——《大自然說》在回應小女孩「我
   怕黑」的那段文字裡有提到「在黑暗中，張開耳朵聽聽貓

頭鷹為你帶來什麼古老的訊息？」——對布農族而言，貓
頭鷹是送子鳥，若貓頭鷹在屋外唱歌，就表示家中婦女要
有喜了。貓頭鷹在童話裡也多是博學多聞智慧的象徵。而
繪者詹雁子認為貓頭鷹是世界的眼睛，睿智的觀看這世間，
所以她都把貓頭鷹畫得很大。而書中也提到，小草說：「我
很小，可是我很有彈性。」；糞金龜說：「我很小，可是
我很努力。」

種子發芽、黑暗中發光的螢火蟲，都是很有力量的美麗的存在。

小叮嚀

Tip 1 若時間允許，最好可以讓每個人都分享他所做的定格。

Tip 2 所謂的「東西」，可以是無生命或有生命或自然現象，或看得見或
是無形的任何東西。「在這個空間你覺得你是你就是。」是我在身體閱讀
課中經常強調的概念，因此學生的創造力就不會被設限，即使身體有所限
制，但想像可以無限開展。所以會出現——壓力是最大。愛是最大。心眼
最小。奈米最小……讓我們意想不到的答案。

● **收尾儀式——** （融合植物的香氣靈性及身體閱讀，達到與
大自然結合的舒壓和療癒）

1. **《大自然說》的禮物**

    1. 請大家圍成圓圈坐下。

    2. 發給每個人一張小紙（約十公分長寬）
       和筆。請大家寫下自己的恐懼或擔心。

    3. 請以靜像表現自己的擔心或恐懼。引導
       者走到學員旁邊，邀請學員說出答案，
       若學員不想說，可以直接坐下。

    4. 若有學員的恐懼擔心和書裡面的小女孩
       一樣，引導者可以找出該段落，請學員
       自己唸出來。念完之後，引導員請對學
       員說：「這是要送給你的。」

寫下恐懼擔憂。

說出自己的恐懼擔憂。

2. **香草療癒包**

    先將材料發給大家：網袋（一個）、剪刀（一把）、塑膠盤或
    紙盒（四個）。

香草療癒包的材料。

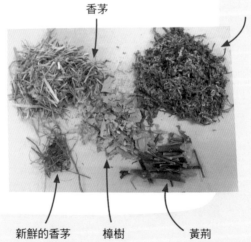

香茅

新鮮的香茅　　樟樹　　　　黃荊

258

1. 將一人份的乾艾草（一人份約手掌心的三分之一）發至每個人的紙盒或塑膠盤中。

2. 艾草具有除穢殺菌、驅邪、清理的作用。請大家把乾艾草捧到手心閉上眼睛嗅吸，並默想前一段寫下的自己的恐懼或擔心。告訴艾草，這是你想清理的部分，交給艾草清理掉。

寫下擔憂恐懼。

3. 將艾草塞入網袋中。並將寫下恐懼或擔心的小紙剪成碎片丟入紙盒中。

4. 將一人份的香茅（一人份約手掌心的三分之一）發至每個人的紙盒或塑膠盤中。

5. 香茅長形的葉似劍，象徵砍斷恐懼與擔心。用剪刀將香茅剪成碎片。心裡默想跟你的恐懼、擔心說再見，你要將它放下了。

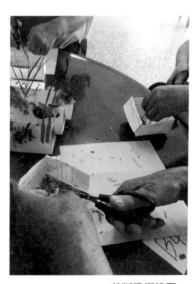

剪斷恐懼擔憂。

6. 將碎香茅塞入網袋中。

7. 將一人份的黃荊（一人份約手掌心的三分之一）發至每個人的紙盒或塑膠盤中。

8. 黃荊也具有收驚解厄除穢避邪驅蟲等等的功用。請大家把黃荊捧到手心閉上眼睛嗅吸，讓黃荊的香氣進入腦中，迎接靈性的祝福——引導者可以提醒大家，將身體放鬆，深呼吸，當下內在浮現任何畫面或字詞即可視為靈性的禮物。

嗅吸植物的香氣，吸納靈性的祝福。

9. 請大家把接收到的靈性禮物畫寫在紙上，請寫兩份，兩份可以都一樣或都不同。例如觀想到彩虹就把彩虹畫下來，例如出現「安定」二字就寫在紙上。也可以將紙剪出一個相對應或有意義的圖形。

10. 將第一個接收到的靈性禮物小卡和黃荊一起塞入網袋。

11. 最後，將一人份的樟樹葉（一人份約手掌心的三分之一）發至每個人的紙盒或塑膠盤中。

12. 樟樹象徵勇氣與力量。請大家把樟樹葉捧到手心閉上眼睛嗅吸，讓樟樹帶給自己勇氣和力量去面對自己的擔心，克服自己的恐懼，產生行動力。

13. 把樟樹葉塞入網袋。

14. 引導者在學員畫寫小卡時可以

把植物塞入網袋中。

觀察每個人的作品及接收到的靈性禮物為何。當大家都把樟樹葉塞入網袋後，請大家站起來，手中拿著另一個靈性禮物的小卡，請大家在空間先自由走動一下，當引導員下指令時，請大家停格做出動作，例如：大樹、雲朵、自由、安定……題目從大家接收到的靈性禮物而來更有連結的意義。

寫下祝福。

15. 可以做兩三次停格之後的停格時，把一個靈性的禮物小卡交給右手邊的人。

16. 再做兩三次停格之後的停格時，再把靈性的禮物小卡交給左手邊的人。

交換祝福小卡。

17. 交換靈性禮物小卡的次數視時間而定。最後,請大家圍圓圈坐下分享自己拿到的靈性禮物小卡的心情感受。

可以把收集來的祝福和做好的香草療癒包掛在小樹上,或把祝福卡片放入香草療癒包,置於床頭。

18. 引導人做結語,請大家與旁邊的人互相祝福感謝——並以《大自然說》最後一段話:「大自然說,親愛的,我一直在這裡。」送給大家——生命永遠不孤單,書中最後跨頁的插圖即表現出生命的繁盛,有許多精靈與你共舞呢!

小叮嚀

Tip 1 香氣進入腦中邊緣系統,刺激杏仁核與海馬迴,會直接影響我們的情緒、記憶與賀爾蒙。在嗅吸植物的過程,就能獲得莫大的療癒。而在修剪枝葉的過程,對老人及小孩都是訓練小肌肉的好機會,同時也能培養專注力。

靜靜感受植物帶來的療癒能量。

Tip 2 在製作香草療癒包的過程可以播放大自然的音樂舒緩身心。

Tip 3 因為植物的粗細不一,除了剪枝葉之外加上畫圖寫字的過程,每個人的進度會不大相同,引導者要掌握節奏,不要太急,讓大家好好經歷這個香草療癒的旅程,但也不要拖太久,且要讓每個人都跟上。

Tip 4 若時間不夠,也可以做第一個收尾儀式——《大自然說》的禮物即可。香草療癒包的活動可以獨立成另外一堂課。

3.8

編織大地能量——《樹的記憶》

　　這個故事從主角十四羽——一片桃花心木的種子，看著其他自裂開的蒴果迎風出發的兄弟姐妹們，與她招手、為她加油，才鼓起勇氣張開翅膀，展開一場生命的冒險而開展。

　　載著十四羽、陪伴她踏出旅程的守護天使，讀者們應該很容易發現，這隻美麗艷紅頭上有皇冠的鳥兒是我另一本繪本《克拉瓦森林之歌》裡的安地斯山鵲。

　　在旅途中，他們看見了樹的記憶——那個想爬上樹的女孩是我的童年；在小小的祕密花園裡坐蹺蹺板的，是我和女兒的記憶（蹺蹺板的一端是采悠，另一端是我和肚子裡的巫古）；赤柯木下的水果記號，是住在金針山的小孩清晨五點舉著火把，繞走十三個彎路下山去上學的記憶；揹著書包爬上竹子逃學，和愛人在樹下吃柑仔糖配白開水，是我的樂齡演員們的故事；九芎爺爺是我和女兒在大大的後花園——八通關古道的一棵朋友樹；還有啊！那個頭頂寬帽、插腰站成三七步的女老師，就是我，帶學生到半屏山種樹的記憶……

　　那你呢？你一定也有和大樹親近玩耍的經驗，在這堂身體閱讀課，可以好好回憶，好好述說。如果沒有，那就在這一次課程裡好好編織創造，當然，一定要有機會實實在在的去擁抱樹，在樹下玩耍、爬上一棵樹、好好愛一棵樹——大樹是大地最有能量的存在，

也是極其偉大美好的恩賜。

　　當然，你也一定要來來回回品嘗文字與圖像隱藏的細節，繪者雁子細膩輕靈的筆觸會帶給你莫大的幸福感；而每一則文字，也都是返札來（fangcalay，阿美族語：美好的，美麗的），非常有畫面感的生活。兒童文學家／詩人林煥彰老師為文說：《樹的記憶》是一首優美的童話詩；樹與孩童、樹與人、人與人，有夢想、溫馨的故事，有著無限想像的空間、有無限想像的可能、有無限的期待、有無限的美味和無限美好的未來……《樹的記憶》，我每回讀它，都會有美好、有創意的獨特的感受，我深刻覺得自己就是「樹的記憶」裡、最幸福的人，心存感激；作為一個讀者，有機會閱讀著這麼有新意、有創意的作品，是多麼的幸福呀！

　　現在，就一起用身體跟著十四羽閱讀《樹的記憶》，喚起曾經的美好、收藏溫暖幸福的記憶，然後好好感謝樹、感謝一切相遇，等待，下一場華麗的冒險。

■ 文本

《樹的記憶》

洪瓊君 著，詹雁子 繪，2022，
臺中市：晨星出版。

■ **適用情境和對象**

適合中年級以上。

■ **結合科目**

1. 自然科：認識種子及傳播的方式。

2. 創造性舞蹈：用創造性舞蹈表現種子的旅行方式。

3. 創意寫作繪畫：從樹的記憶回溯、聯想延伸肢體造型、戲劇表演、寫作、繪畫等創意練習。

4. 心靈閱讀：用身體經歷一棵樹的成長，與大自然連結，感謝樹的滋養、感謝人與樹的相遇。

■ **活動場地**

室內，最好是可以有完整的活動空間，戶外也可以。

■ **活動材料**

《樹的記憶》繪本。A4 白紙或圖畫紙、鉛筆或色筆。各種形狀不同旅行方式的種子。輕快及自然的音樂。

■ **活動步驟**

1. 共讀文本

老師可以先朗讀文字故事，再回頭帶領學生細讀繪圖。

2. 找一找（訓練專注力）

帶領學生以每頁看 10 秒的時間，快速尋找以下幾頁的細節訊息——

1. 第 2~3 頁：數一數有幾個飛羽？

　　進階：（1）把飛羽的位置畫在空
　　　　　　　　白紙上（只要以簡單
　　　　　　　　符號畫出位置即可）。
　　　　　　（2）用身體把飛羽的位置
　　　　　　　　和動作呈現出來。

訓練專注力。

用簡單符號將飛羽畫出位置。但我這學生畫
得有點太美。

用身體把飛羽的位置和動作呈現出來。

用身體把答案數目做出來。

2.第18~19頁：數一數這一頁有哪幾種昆蟲和動物，各有幾隻？
（可以口頭發表或寫下來。）

進階：（1）把各種昆蟲的位置畫在空白紙上
（只要以簡單符號畫出位置即可）。

（2）可以邀請幾位學生上臺，用身體把昆蟲動物的
位置和動作呈現出來。

把昆蟲動物用簡單符號畫出位置。但
我這學生畫得有點太仔細。

用身體把昆蟲動物的位置和動作呈現出來。

小叮嚀

Tip 1 限制時間提取記憶再現的遊戲方式，是訓練專注力的好方法。

Tip 2 也可以帶學生慢慢找，例如 12 頁左邊，樹上有哪幾種水果？問學生，如果可以，你想加上什麼水果？再看右邊，有什麼樣的禮物？ 如果可以，你想加上什麼禮物？

Tip 3 所有的答案都可以用以下的方式呈現——用說的、用寫的、用畫的、用身體做，做數字、做出任何答案（昆蟲、水果、禮物、十四羽飛翔的動作……）。通常我會每一個題目就變換不同呈現答案的方式，增加趣味同時也訓練不同的表達能力。

3. 種子之舞 （結合科目：自然生物、舞蹈）

1. 介紹各種形狀的種子以及其不同的旅行方式——掉落、水漂、風吹、黏在動物身上、動物排泄或日光催熟、彈跳……

2. 練習創造性舞蹈基本身體移位的動作——轉圈、滑步、擺盪、左飄右逸、滾動、單腳跳、雙腳跳、大躍步……

創造性舞蹈移位轉圈、滑步、擺盪。

3. 想像自己是一顆種子，可以有任何形狀，作停格狀。

身體做種子。

4. 放音樂，讓大家當一分鐘舞者，結合剛剛練習的動作，想像自己這一顆種子將要去旅行，隨著音樂展開各種位移的動作。

一分鐘舞者。

5. 換音樂，加上自己設想的該種子旅行移動的方式，結合創造性舞蹈基本身體位移的動作，讓身體位移有不同的節奏與勁力——是水漂的柔軟還是彈跳的輕快？狂風掃落或清風吹送也是截然不同的力度。

種子去旅行。

小叮嚀

Tip 種子有實體最好，若無實物，也可用圖片或影片來說明。主角——桃花心木的蒴果與種子一定要出現。

4. 種子排列畫 （結合科目：視覺藝術）

準備無患子或其他堅硬的種子，進
行個人創作與集體創作。

可個人創作或集體創作。

1. 個人創作：在地板上或白紙上，
   用種子排列出一種或多種圖案，
   甚至是一幅畫。若要讓畫有保存
   性，可用白膠將種子黏貼在白紙
   或瓦楞紙上。

2. 集體創作：每個人輪流將一顆種
   子放至地板上，看後來會變成什
   麼？若種子比較多，也可以再放
   第二輪或第三輪。

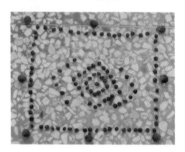

種子拼貼畫。

小叮嚀

Tip 1 若沒有無患子，也可以用其他種子代替，例如樟樹或苦楝
樹或欖仁樹、孔雀豆……的種子，或可以各種種子混和。

Tip 2 若在戶外進行，就可直接採集撿拾落果或種子來排列。可
以第一輪先單純用種子，第二輪再加上花葉，實驗看看會有怎樣
不同的效果。

5. 樹的記憶 （結合科目：表演藝術、寫作、視覺藝術）

從繪本故事引發大家回憶與一棵樹相關的記憶。

1. 口語表達。

2. 分組演出「樹的記憶」。

3. 可以將演出的故事寫成一篇短文或畫下來。

小叮嚀

Tip 1 **以上三種呈現方式亦可視活動時間、性質及成員年齡還有特質選擇其中一、二種方式來進行。**

Tip 2 **建議繪畫課或寫作課可嘗試用——共讀繪本→口語討論→分組演出→寫作或繪畫——這套身體閱讀方式來進行。身體的創意展現會激發靈感、帶動思考，甚而挖掘出潛意識，讓寫作與繪畫的內容更有血肉更有生命力，這是我從小學生到大學生，跨越海峽兩岸，三十年教學實驗心得。**

在樹下的記憶。

6. 種一棵樹 （心靈閱讀、表演藝術、寫作、繪畫）

1. 回到活動 3 種子之舞——你是什麼種子？用身體把形狀做出來。

2. 放自然的音樂，請大家想像自己是一顆埋在土裡的種子、風拂過、陽光曬過、雨水淋過，一回、兩回、三回，種子突破陰暗潮濕的泥土長出一根、兩根嫩芽、再慢慢長成一棵小樹，再一回、兩回，風拂過、陽光曬過、雨水淋過，小樹從大地獲得養分與能量，逐漸長成一棵大～樹，請用身體做出整個歷程。

3. 老師問學生，長成什麼樹？是現實中的一棵樹還是不存在
   這世界上的想像的樹？樹的名字？

4. 經歷春雨夏風秋光冬雪，身體的動作也改變——

（1）樹開花了、結果了——身體跟著指令流動展現出花的樣
   子和果實的樣子。

（2）果實如何剝開、迸裂、露出種子——身體跟著指令流動
   做出種子的形狀。

（3）老師引導學生回憶先前各組展現的或此刻浮現的跟樹有
   關的記憶，帶著滋養自己一切對於自然的對於人事物的
   感謝——此時，身體可以從種子的狀態慢慢躺到地上或
   坐下來，閉上眼——好好
   感謝、好好沉澱、好好休
   息，等待再一次的出發。

一顆種子。　　　　　　　　　　　長成大樹。

樹開花。

結果、果實迸裂。

小叮嚀

Tip 1 可視活動時間及目標，將種出什麼樹或者是腦海浮現的畫面，寫下來、畫出來。

Tip 2 除了肢體、寫作與繪畫創意之開發，這個活動可以好好引導，關注身體的流動、身體感官從外而內的細微變化，感受人的生命如同樹木生長，吸收來自大地的滋養，所有與人與樹相遇的記憶都是禮物是祝福，對萬事萬物產生感謝，然後，帶著滿滿的能量，再出發，迎接下一個挑戰。

落地、閉眼、感謝。

3.9

傾聽亙古的聲音——《克拉瓦森林之歌》

　　《克拉瓦森林之歌》是我虛構的故事，克拉瓦族是虛構的，安
地斯山鵲也是不存在的，在那裏人可以跟樹木、動物說話，可以聆
聽大自然的話語，而整個部落每個人都有自己與自然連結的方式，
彼此照養，不管是人與人之間抑或是人與自然都是和諧的，這是我
的前世記憶、是我的混沌夢境也是我的理想國，現實無法達到的，
就在我的故事王國裡實現。

　　我很愛樹，樹也給了我莫大的療癒與重生的力量，不管是在現
實當中抑或是在夢裡，我和樹都有很深的連結，因此我寫下了以樹
為主題的「尋找一棵樹」三部曲，而我還曾在睡夢中目睹大樹被砍
伐而哭醒，那就是《克拉瓦森林之歌》的場景。

　　蘇振明教授提出繪本是「紙上美術館」的概念，楊茂秀教授說
繪本是「紙上劇場」，而我則認為繪本是「紙上電影」，因此在克
拉瓦森林之歌的構圖上我要求繪者切換不同視角製造更多衝突感和
情緒張力，有很多特寫和遠景交錯，以及特殊角度的運用，例如：
以傾斜俯瞰角度表現工人在夜晚侵入森林偷偷伐木的緊張和衝突；
低角度特寫藤蔓緊緊纏住伐木工人的腳，強調森林的植物對侵入者
頑強卻無力的抵抗；還有以斜角度凸顯紫杉婆婆的犧牲帶來的驚愕
與傷痛……

　　趕鴨子上架的采悠很快進入狀況，一個沒學過畫畫的 23 歲年

輕女孩，畫出這樣帶著青澀卻有獨特風格，畫面又要求複雜的插圖，天分已是難得。

　　我很愛樹，很需要樹，很多時候是太過於浪漫、不那麼實際與科學，非常感謝我的繪者們與合作超過 20 年的晨星出版社及晨星主編惠雅，成就我的夢想，也把個人的夢想擴大成一件意義非凡的工程。法蘭可在《意義的呼喚》裡主張，「我們總能以三種途徑去發現生命的意義：藉著創造性的工作，藉著與人相會與相愛，以及藉著面對無法改變的命運。」我想提出第四條途徑——「藉著與大自然的相遇」，藉著這四種途徑，我發現了生命的意義，也召喚出創作的動力與繆思。

■ 文本

《克拉瓦森林之歌》

洪瓊君 著，陳采悠 繪，2022，臺中市：晨星出版。

■ 適用情境和對象

適合低年級以上。

■ 結合科目

1. 戲劇課：從肢體開發、到聯想力的展現、最後戲劇表演的綜合練習。

2. 創意訓練：畫一張自己擁有超能力或一棵擁有特殊功能的樹的圖畫，或用身體表現，開發創意。

3. 解決問題與想像力的培養：為故事角色面臨的困境思考解決方案，一方面培養解決問題的能力，一方面訓練創作故事的想像力。

4. 自然課、環保教育：認識樹木對地球對人類的貢獻，提出保護樹木的可行方法。

■ **活動場地**

室內，最好是可以有完整的活動空間。

■ **活動材料**

A4 紙、色筆。

■ **活動步驟**

1. **老師說** （暖身、肢體開發）

學生跟著老師的指令變化，變成各種動物。指令如下：老師走進一片森林，看到森林裡有一棵樹，樹上有小鳥（大家變成一隻停格的小鳥），還有松鼠，樹底下有兔子，還有狐狸。

動物暖身。

小叮嚀

Tip 1 若參與者是小學生，為了避免秩序混亂，可先以停格動作變化身體動作，做出動物指令的身體造型。

Tip 2 也可以漸進式，依指令加入聲音、動作等等。

2. 共讀文本

活動一大家練習的動物身體造型，都是出現在即將共讀的這本《克拉瓦森林之歌》裡，一起來看看這座森林發生了什麼故事——念到第 17 頁暫停。

3. 超能力第4~5頁 （訓練想像力。結合科目：戲劇、繪畫）

1. 如果你可以擁有一種超能力，你希望是什麼能力？請大家以動作表現出來。
2. 現在你是一棵樹，你這棵樹有什麼特殊的能力呢？可以用動作表現出來或畫下來。

小叮嚀

Tip 1 除了個別以動作表現出自己的超能力之外，還可以讓大家「夢想成真」，請所有人配合，演出每個人使用超能力之後的結果。

Tip 2 還可進階做一延伸——發明多種功能或特殊功能的某種用具。可用動作表演或繪畫表現。可以獨力完成，或分組合作。

想擁有的超能力。

做一棵擁有特殊能力的樹。

4. 故事繼續

繼續共讀故事，到第 23 頁暫停。

5. 想辦法 （訓練解決問題能力、想像力）

1. 請學生提供辦法，解決克拉瓦森林面臨
   樹木被砍伐的問題。
2. 討論大家提出的解決方法的可行性。
3. 試演出大家所提供的解決方案。
   （擇一或全部演出，視活動時間而定。）

演出解決方法。

小叮嚀

Tip 可以試著讓提出辦法的人當導演，指導大家如何演出他提出
的方法。不僅增加大家的參與度、也讓大家對自己的想法有更深
入的檢視，並訓練獨當一面的能力。

6. 答案揭曉

把故事念完。

也許有人猜到結局，也許有人提出的想法
比故事更好，也許有人提出的想法完全不
可行，但只要願意參與，都是值得肯定的。
最後可以玩個猜謎遊戲，請大家回想看
看，最後一頁有哪些動物是先前「老師說」
沒出現的動物。

答案是「熊、刺蝟、
梅花鹿」。

7. 你可以為樹做什麼？（結合科目：自然、環保教育）

可以討論樹的功能、樹的存在，為地球、為人類帶來什麼益處？你可以為樹做什麼？用身體動作表現出來。

畫出樹的功能。

用身體做能為樹做什麼？——擁抱樹、聽樹說話。

小叮嚀

Tip　在思考自己能為樹木做的事，提醒參與者（尤其是小學生）不要口若懸河，說實際個人能力可做的，才有可能身體力行。

8. 演一齣戲（結合科目：表演藝術）

可以依據繪本故事，分配角色，大家合演一齣《克拉瓦森林之歌》。

演出《克拉瓦森林之歌》。

小叮嚀

Tip　購買 2022 年晨星出版的一套「尋找一棵樹」自然繪本系列，有附贈我寫的《克拉瓦森林之歌》的劇本，有興趣的老師們，可以依此劇本在課堂上練習，或可做為正式演出。

3.10

尋找自我的旅程——《草地靜獵：尋找一棵樹》

　　《草地靜獵：尋找一棵樹》這本繪本非常特別，包含四個部分：

　　第一部分是繪本正文，以散文形式引導讀者以眼耳鼻舌身意去認識樹、觀察樹以及依樹而生的生物，最後尋找一棵樹，於現實而言是可以觀察可以擁抱可以說心事的一棵樹，在形而上的意義是向內探尋一棵象徵自我的樹；這是為都市的孩子寫的「靜獵書」，讓孩子可以跟著繪本，從公園的一棵樹出發，打開所有感官，從外而內尋找一棵樹和依樹而生的自然生命。

　　第二部分是正文中的插畫有另一個小劇場，由幾個具有不同性格與行動目標的動物角色在舞臺上演出，有對白、動作甚至角色之間也有互動。

　　第三部分是插畫中的角色們自己的故事，每個角色尋找自我的過程——主角十四羽是一顆桃花心木的種子，對於成長的過程，最終會長成什麼樣子都是未知的冒險，而翅果又是隨風而漂，沒有一定的方向，所以，她想要找到自己的方向，想要安定下來，模仿植物和其他生物的樣態，以為這樣就可變成一棵樹。另一主角螞蟻小阿古，卻是最有方向感的生物，而且又是規範在群體生活中，所以他想要嘗嘗離開群體，脫離正軌，放任自己沒有方向沒有目的性的流浪。而其他角色，像馬陸小柚子，總是手忙腳亂、七手八腳同時做很多事；毛毛蟲大毛老是喜歡指揮別人，更覺得時時刻刻要過得

非常積極才不負此生；二毛喜歡藝術、浪漫不切實際；三毛喜歡動手做的任何事物，倒是很享受生活。

　　經歷了蛻變、經歷了旅程中相遇的每個故事之後，每個角色都有了一些體悟與轉變——大毛發現生命應該允許空白，所以悠閒地盪鞦韆；二毛體認到生存之必要，不能只有浪漫，也要面對現實，所以吸花蜜；三毛發現肉體不只有手，還有腳還有整個身體，所以跳舞；小柚子也終於認知到專心做好一件事的重要與美好；十四羽最終也明白，落到土裡，安靜地等待、用力地生長，才是她最重要的使命，好好看見自己是一棵種子，讓自己有可能成為一棵大樹，是最重要的事。而小阿古呢？大家有注意到蝴蝶頁小阿古和十四羽的不期而遇嗎？小阿古伸手想抓住十四羽，但後來的故事發展看到了，他們並沒有真正的看見彼此，或是不知對方的存在或是錯過，或者越行越遠，後來才發現，原來，旅途中，彼此一直都在。

　　本書第四部份，「十四羽與小阿古的自然朋友們」則是以有別於硬梆梆的學術語言，讓 70 個自然朋友們用人物形象鮮活逗趣的語調「自報家門」（京劇中的「自我介紹」，也是現代的網路用語「自介」）、粉墨登場的科普知識。

　　本書包含三種不同風格的內容表現，互為文本，可謂是繪本界獨一無二的小小創意。

　　寫這本書很過癮，我不僅在正文中體現了我「用身體閱讀大自然」的教學脈絡與信念，也在子故事中終於能發揮我於現實世界裡搞笑的功力，設計這些對白讓我又回到編兒童劇的狀態，去設想角

色們的情緒與動作，很樂在其中。而每個角色裡都可以看到我自己的影子，而我也一直都在尋找自己的路上。

你可以從以下幾個方向和孩子共讀這本特別的繪本：

先讀正文、搭配繪圖一起看；或只讀正文，第二遍再來好好閱讀繪圖裡的小劇場和繪圖的細節。

讀子故事，討論子故事的角色，他們的狀態與蛻變。

好好對照第四部份與正文插圖裡自然生物的科普知識，或找有興趣的隨時查閱對照都好。

把《影子要跳舞》、《樹的記憶》、《克拉瓦森林之歌》和這本《草地靜獵——尋找一棵樹》放在一起看，玩偵探柯南的遊戲，找到互文與彩蛋。

用身體閱讀，和孩子一起打開身體所有感官，認識樹——陸地上最偉大的存在；也找到一棵屬於自己的獨一無二的樹。

■ 文本
《草地靜獵：尋找一棵樹》
洪瓊君 著，陳眉如 繪，2022，臺中市：晨星出版。

■ 適用情境和對象
適合低年級以上。

■ **結合科目**

1. 自然科：認識各種自然物的獨特氣味與質感、學習如何觀察四季變化、觀察生物、觀察樹木生長狀況及認識樹木各個部位的構造。

2. 感官開發：訓練觸覺、嗅覺的敏銳度，以及其他感官的感受度。

3. 自然與生命教育：觀察與陪伴樹木的生長過程，會帶給自己莫大的反饋。

4. 創造性舞蹈：藉由對樹木細微的觀察，訓練身體的律動感。

5. 創造性戲劇：藉「十四羽與小阿古的自然朋友們」的自我介紹詞，訓練聲音表情、肢體語言。

■ **活動場地**

戶外，樹木林相越豐富越好。

■ **活動材料**

筆、筆記簿、尺（皮尺、布尺或各種軟性尺）、色筆。可播放音樂的器材，沒有歌詞的音樂（一至多首，自然音樂更佳）。紙籤（可用回收紙）。

....

■ **活動步驟**

1. **瞎子與導盲犬**（結合科目：自然科、感官開發）

兩人一組，請其中一人先蒙上眼睛，另一人當「導盲犬」將蒙眼者帶至一棵樹前觸摸其樹皮、樹葉和花瓣，再好好嗅聞樹

皮、葉子和花瓣的氣味。
回到出發點之後，拆下
蒙眼布，找到答案。

「導盲犬」和「瞎子」是感官開發基礎的活動。

小叮嚀

Tip 1 為增加活動的複雜度與困難度，可多觸摸、嗅聞多棵樹之後，再來找出答案。

Tip 2 請「導盲犬」在帶領瞎子走路與進行感官體驗時，一方面要注意瞎子的安全，一方面要引導瞎子說出感官感受，例如：觸感如何？形容一下，像什麼？……

2. 尋找四季（結合科目：自然科）

1. 觀察一棵樹的四季變化。

2. 以一主題觀察四季的樹，例如：春天的花，夏天的果實、秋天的葉子……或可延伸樹以外的觀察，包括昆蟲、鳥類等等。

用相機捕捉樹。

小叮嚀

Tip 可以用圖畫、用文字或用相機……記錄觀察筆記。

3. 柯南出動（結合科目：自然科）

和孩子一起在樹幹上、
葉面葉背等，像柯南辦
案般，小心翼翼（避免
打草驚蛇），放大眼睛，
發現有哪些蟲蟲或鳥兒
在樹上。

在樹幹上、葉面葉背等，像柯南辦案般，發現有哪
些生物住在樹上。

小叮嚀

Tip 1 可以用表格、用手繪、或用照相紀錄觀察所得，看到生物不要去抓他，
我們只是路過的客人，要尊重生物的存在，好好觀察牠的形體、行動，就
會有很多樂趣。

Tip 2 可延伸觀察、分辨葉子上的房客種類，例如：（1）霸王客：未經葉子
同意就擅自搬進來，但不至於對葉子產生危害。（2）駭客：把葉子吃得滿
是破洞；會讓葉子萎縮不能行光合作用；或者讓葉子的組織產生變化者。
（3）付費的房客：不僅不會傷害葉子，甚至會保護它。

4. 朋友樹（結合科目：自然與生活）

在校園中或住家附近的公園及人行道上（若自家院子有栽樹更
好），與孩子找一棵自己最喜歡、最有感情的樹作為「朋友
樹」，並為它取一個小名。

在不同時間不同季節，經常性地探訪「朋友樹」，看看樹有沒
有長高、長粗？葉子變老了還是又抽出新嫩的葉？住在樹上的
朋友搬家了嗎？有沒有新的朋友搬進來？

樹名：

幫這棵樹取個名字吧！

小叮嚀

Tip 1 活動進行中可以加入葉序（對生、互生及輪生）、葉形（單葉或複葉，葉的外形如卵圓形、掌形……）、樹形（灌木或喬木）等觀察重點，進行更有系統的觀察。

Tip 2 測量樹圍的方法：取樹幹離地約一公尺高的位置，以皮尺或軟尺圍一圈，量取它的圓周，而後除以3.14，所得的就是樹的直徑。若取的高度是 4.5 英尺（1.14 公尺）所得直徑，在生態學上稱為「胸高直徑」。

用手測量樹圍。

5. 用身體畫樹 （結合科目：創造性舞蹈、自然科）

　1.各自選擇一棵樹作為觀察對象。

　　觀察重點：

　　（1）樹的槎枒伸展的姿態與方向。

（2）枝葉被風吹動時擺盪的方向與顫動的方式。

（3）觀察整棵樹擺動的方向或是其中一根枝條擺動的頻率與方式。

2. 回到原點並圍成一個圓圈或半圓，然後用抽籤或是指定的方式請學員輪流將觀察所得，配合音樂以舞蹈律動的方式表現出來（表演者要站在圓圈的中心，表演時間約 30 秒至一分鐘）。

3. 每一個表演者表演結束之後，還可讓其他學員猜猜看表演者模仿的是哪一棵樹。

用身體畫樹。

小叮嚀

Tip 1 學員模仿樹的姿態時盡量發揮自己的創意，節奏可緩可急，力度可剛可柔，不受任何拘束。

Tip 2 活動帶領者可準備幾首不同節奏及不同型態的音樂，讓表演者隨音樂舞動，增加活動的趣味性。

Tip 3 此活動的目的是讓學員藉由肢體的模仿，體會自然獨特而性靈的律動，所以適用於營隊的最後一天或一系列自然體驗活動結束之前來進行。

Tip 4 除了畫樹之外，還可以運用身體的律動表現其他自然物，例如：海浪、瀑布、蝴蝶……

6. 感官之旅 （開發所有感官）

和孩子一起在都市公園裡，打開
眼耳舌鼻身意所有感官，好好地
看一棵樹的姿態、摸摸樹、聞聞
樹，聽聽樹，感受樹的存在，也
可以和樹說說話，從外而內地與
一棵樹進行心靈的交流。

抱抱樹、聽聽樹在說什麼？

小叮嚀

Tip 1 關於《草地靜獵──尋找一棵樹》這本書的內容：你可以用心靈的
眼睛去看一棵樹，更可以從自己的觀點去詮釋每個角色，去感受樹木與自
己的關係，重要的是感謝與感受，感謝樹木的存在與付出。

Tip 2 關於《草地靜獵──尋找一棵樹》這本書的身體閱讀，可以參考前
面把「來一趟──〈氣味之旅〉」、「把四季吃進嘴巴裡──〈嚐野果〉」、
「傾聽──〈樹的語言〉」、還有《與孩子共享 60 個自然遊戲》的教案，
裡面有更多更詳細的活動方式。

7. 自然朋友們粉墨登場

（結合科目：創作性戲劇、自然科、寫作）

1. 聲音暖身：大家圍成一個圈坐
   下來，輪流以不同情緒說「大
   家好」或「你好嗎？」這句話。

圍圓圈，練習說「你好嗎？」

2. 「十四羽與小阿古的自然朋友們」裡有 70 位自然朋友的自我介紹詞，引導者準備 70 張寫上數字的紙籤，一張籤寫一個自然朋友。讓學員抽籤，抽到該種角色即練習該自然朋友角色的自我介紹詞，透過介紹詞的內容，揣摩其性格、特質，輪流用符合其性格特質的語氣來練習聲音表情的傳達。這時學員仍是圍坐著，練習聲音表情。

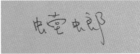

小紙寫：螳螂。

3. 肢體暖身：請大家用「定格」或在原地動作的方式，表現出各種性格特質，例如：驕傲、自卑、害羞、大方、潑辣、木訥……

定格表現驕傲、自卑、害羞、大方、潑辣、木訥。

4. 讓學員抽籤（換其他角色），輪流上臺加上肢體動作進行角色的自我介紹。

● 進階版

1. 有了前面的練習，可再進階為自己寫一段有性格特質的自我介紹。

2. 自我介紹的方式，可以圍圓圈，輪流只做語言表達，或一一上臺自我介紹，形式不拘。

上臺自我介紹。

Tip 1 第一輪做聲音表情練習時，建議圍圓圈坐下來，彼此可看得到、聽得到彼此。

Tip 2 第二輪加上肢體動作的自我介紹，可繼續維持圓圈或讓所有人改成面向舞臺（或講臺），請角色一一上臺表演。

Tip 3 做肢體暖身時，請大家散開來，面向引導者，請學員各自做各自的動作，身體不要與別人接觸，這樣比較能夠控制秩序，避免受傷。

Tip 4 身體閱讀很重要的部分是從外在的形體開發到知識的汲取、腦力激盪，最後也最重要的是——回到自身的觀照。認識自己、關照自己、愛自己，是人生最重要的學習課題。

學員心得

- 今天下午去竹葉青他們三年級的班上上了兩節自然課，用洪老師的《我在海邊靜獵》，效果超級好，這些孩子們都生活在海邊，參與特別積極，不得不說，洪老師設計的用身體擺出自己的夢想這個 ending 儀式超讚啊，孩子們都很興奮呢！洪老師的繪本太吸引人了。

- 經過老師的引導，繪本的演繹，慢慢感受到身體的放鬆，能很自然的通過身體的動作想像繪本的畫面和文字，這種感覺很好。

- 這是我第一次體驗在閱讀時大量地帶入肢體動作。我認為在完成整個活動過程中，體驗者可以完全投入到故事中，並且在每一次完成肢體任務時，體驗者都可以激發出創意靈感，同時通過故事內容來學習自然科普知識。我很喜歡這樣的自然教學方式，我會將它應用在我的自然教育課堂裡。

- 當我在模仿（或者說是表演、想像更確切）的時候，我真的會有一種身臨其境的感覺，我彷彿能聽到流水、風和海浪的聲音，同時我也更能體會到書中人物的感情。同時，老師上課的方式也讓我感覺很舒服，這種儘量兼顧到每個人的做法其實不僅是一種公平，更是給了那些想被關注但是又不敢出頭的同學表現自己的機會。

Chapter 4

樂齡身體閱讀

| 樂齡身體閱讀

根據經建會在 2012 年提出的 2012 年至 2060 年人口推計報告中指出，臺灣於 1993 年成為高齡化社會，在 2010 年時 65 歲以上人口佔臺灣總人口 11%，預計將於 2018 年及 2025 年分別邁入高齡社會及超高齡社會，65 歲以上人口數大幅增加，2060 年約增加為 2011 年之 3 倍。老年人口中，80 歲以上高高齡人口所占比率，亦由 2011 年之 25.1% 增加為 2060 年之 41.4%。因應高齡時代來臨，教育部為鼓勵高齡者學習動機，增進其身心健康，自 2008 年起推動高齡教育，結合各級學校、機關、民間團體，合力建置各鄉鎮市區「樂齡學習中心」，此外，並結合大學校院開設「樂齡大學」，以 55 歲以上為主要族群。

「樂齡」取義「快樂學習、樂而忘齡」。在這本書最後的篇章，我除了要跟讀者們分享我自 2012 年開始參與樂齡教育，帶長者從戲劇展演轉向身體閱讀，我和長者們歷時六年的成長和轉變的精彩故事之外，也因為這是臺灣第一份針對樂齡戲劇課程，且是唯一一份樂齡身體閱讀經驗的研究，過程彌足珍貴，因此，我以札記的方式記錄我與學員的互動和演出經驗，以及我如何使用文本與樂齡長者一起身體閱讀，並描述幾位長者在過程中的改變。

第一篇：「突然變成菜鳥教師了我」是交代樂齡學員和我相遇的時空背景。第二篇：「演員的轉變」描述以《樹的聲音》這本繪本為基礎發展的舞臺劇演出，以及身體閱讀帶來學員改變的經驗。

在身體閱讀中，
樂齡長者回到
童年般玩得很
開心。

第三篇：「樂齡身體閱讀的開發」分成三個引導文本，紀錄我以繪本來開發樂齡身體閱讀的感知經驗，第一部分：以我創作的繪本《相握的手》，重點是以繪本內容提問進行記憶回溯，或是搬演繪本內容等等。第二部分：以《第一次上街買東西》進行繪本賞析，並進行記憶回溯，請每個人演出第一次有收入的工作。第三部分：以《最初的質問》進行身體閱讀，繪本內容是一句一句的問句組成，身體閱讀就用身體的活動和演繹，回答書中一個一個的質問，例如在窗戶外面街道那一頭，你看到了什麼風景？什麼是最美⋯⋯最後，畫下手的年輪和記憶。

六年的樂齡身體閱讀課，從長輩們的回饋與表演，我看到身體閱讀對長者身心健康的幫助，除了心情愉快、活動肢體之外，還有很多記憶、表達、傾聽、思考、創意、身體反應甚至在記憶回溯的呈現中獲得抒發與療癒等等全方位的啟動，是非常值得在照顧到安全的狀態下，大力推廣的樂齡學習模式。我在前面幾個篇章介紹完整的身體閱讀文本和延伸活動，最後，還特別整理了十個我運用在樂齡身體閱讀課中的暖身活動，提供給大家在樂齡課中靈活運用。

4.1

突然變成菜鳥教師了我

　　2012 年。剛開始，承辦的小學校長請我去樂齡中心教戲劇課，目標是期末讓這群老人有一場正式演出。要怎麼讓一群從未接觸過戲劇，且出席不固定的七、八十歲的老人（年紀最長的當時 91 歲），非自願的公開展現自己的身體與情緒，搬演完整的一齣戲？這是我戲劇教學生涯初次的樂齡考驗，這與過去帶社區老人演戲的經驗大不相同，因之前來參與的老人多是有興趣且自願的，少數幾個非主動而被同伴邀來參與演出的老人，大多會出現抗拒心態，也對排演容易感到疲累，但重要的是參與的人是固定的，也有確定的排練時程。而這回，這群老人家是完全非自願地被推入劇場。並且，要讓老人家透過戲劇性的遊戲暖身、破冰到願意敘說自己的故事，並且投入角色，我的挑戰更大。要注意到遊戲不能有太大動作與移動，不能太複雜，又要不著痕跡地卸下老人家的防衛措施（defensive practices），建立彼此的信任，挑起興趣，又要他們掏出故事，而且不像其他手作的課程，可以帶走實體的禮物回家，連我自己都覺得我的樂齡戲劇課只是在剝削他們的生命故事。

　　所以，一開始，我也是得花力氣克服自己的障礙，表演一位有自信、有能力的老師，在不講任何理論的情況下，讓他們明白、體會——展演他們的生命故事對自己對觀眾的意義與影響，其實是遠超過粗糙的言語可以描述的；而老人家也多很盡職地表演一個乖學

生，只是常常說「不知道」、「忘記了」、或者直接以沉默回應我，或者滔滔說不完，說到其他人開始聊天吃東西還很難打斷。另外，面對多元的族群組成，語言也是一個溝通上的障礙，阿美族語很不會，客家話不會講，閩南語怎麼說都很蹩腳，說中文有的人還聽不懂……剛開始，閩客自然坐在左邊一排，阿美族人就坐在右邊成一排，平埔族（這只是一個概括的名詞）就沒那麼涇渭分明，只有我將他們圍成圈時，彼此才有交集。

幾堂課之後，在不同主題的誘發下，收集到不少閩客平埔族群的生命故事和阿美族的歌謠，還有閩南阿嬤自編自唱的自己悲苦一生的歌，和歌頌殖民記憶的八十歲老翁的日本歌……我想，由於我語言的隔閡（我只會說閩南語和中文，阿美語只會幾個單字），說故事的主要是閩客平埔（客家人很會說閩南語和中文），信手拈來都是歌的是阿美族，阿美族唱歌盡是歡樂的、生活的，像吃飯一樣自然，閩客族群竟然沒有歌（除了自己編歌的悲苦臺籍阿嬤和只會唱日本歌的臺籍阿公），這些老人家想不起來有什麼歌可以唱。不過，原本拘謹的身體還是有被打開了，活動氣氛更加熱絡了，也有人很認真地整理自己從西部移民到東部的開墾史，成為我們演出的主軸，也有更多人自動跳出來加入角色，排演也一次比一次認真——雖然還是有人一直坐在旁邊當觀眾，上來演出也是躲到角落，阿女就是其一；雖然有人表示：「這樣一直講自己的故事很見笑（丟臉）。」、「安ㄋㄟ演戲甘那肖仔（這樣演戲好像瘋子）」：這是鳳第一年上課的感覺；雖然，演員從來沒有固定過。

第一學期要正式演出的那個早晨，男主角雄叔抱病來了卻沒體力演，三個阿美族 ama（阿美族語：阿嬤，老人家之意）去看醫生，還有 ama 是第一次出現，消失很久的里長伯突然現身，理所當然成為男主角，還有 ina（阿美族語：媽媽，阿姨之意）突然換歌……到了正式演出，搞不清楚要說什麼臺詞，搞不清楚何時上下場，還自己加詞跟觀眾解釋劇情……到最後獲得滿堂彩，坐在臺下的小學生看到自己的阿公阿媽甚至阿祖在臺上又唱又跳又演，演出自己的生命故事，好幾首歌都還是老人家自己編的，已經夠令人興奮的了。

　　隔週在鄰近的小學演出第二場，老人家興奮地像要參加嘉年華會，盛裝前來，還增加不少道具，全沒問過我的意見。看著閩南籍八十四歲的阿本公順服地戴上阿嬤要他戴的時髦墨鏡，穿上阿美族的傳統背心扮演頭目，和八十一歲的阿美族 ama 載歌載舞，突然有股泫然。戲落幕後，阿嬤們開心地向我討賞：「老師，我們今天演得很順齁，越來越好齁？」課程中段才加入的美月說：「老師，帶我們去全臺灣表演啦！吃那麼老了第一次演戲，從來沒想過人生有機會上舞臺。」

　　終於明白我的泫然，我們又圓滿地完成了一場跨世代的生命閱讀，對於臺下的觀眾而言，這是我努力推廣與實踐的一種親子共讀的閱讀概念，帶著孩子透過阿公阿嬤的生命故事，去閱讀那個時代的歷史、文化、經驗與生活的生命。樂齡劇場給出一種直接且具渲染力的跨越時空的力場，不只用說的，也用演的，用唱的，用跳舞

的，來告訴新世代他們的故事；對臺上的演員而言，藉由檢視個人的一生，以整合有意義的經驗，而感覺自己不虛此行，甚至在年老之際還能創造前所未有的新體驗，對垂垂老矣的生命是多麼大的激勵啊！——那個上場演出自己的故事開口就哭的秀子，在路上被人認出而喚她：「高寮的阿母。」非常光榮且歡喜到處廣播這個新名字。

在第一年的演出，中段課程才出現的客家籍的美月，很喜歡演戲，對此活動非常投入、認真，是整個樂齡學生中最活潑的一位；閩南籍的阿女從頭到尾都像個半隱形人，不主動說話，點到她說話，她也會說：「不知道要說什麼？」但她每堂課都跟先生一起來，也有演出跑龍套的角色，但都躲在角落或別人背後；閩南籍的鳳出席不固定，最後也沒參加演出；而阿美族九十多歲的阿妹，可能是語言不通加上年紀的關係，從不分享故事，每次我問她任何問題，她都說不知道、忘記了，而身體的活動參與，除了全體性的被動參與，她不太主動站出來像其它較年輕的阿美族 ama 那樣唱歌跳舞。

在第一年的課程，從開始跌跌撞撞的摸索，適應學員的不固定，觀察每一個人身心靈的狀態，還有哪些是不能碰觸的禁忌，包括有人私下生氣地跟其他學員說老師不應該問他們的族群（別人說她是平埔族，她認為她自己不是平埔族），包括有人分享她跟去世的老公相處的點滴，我要將之編入劇情中，當事者本來同意，後來又跑來說有人建議她不要演悲傷的，過去就過去了，要演快樂的，現在要快快樂樂……經歷十堂課的磨合，我和學員之間也建立比較

多的信任與認識，種種經驗也讓我放下更多擔心、壓力，不為成果
而做，讓老人家享受玩耍的過程最重要。

樂齡第一次演出。

4.2

演員的轉變

　　從第二年起，樂齡學生就有了很大的轉變，原本有固定來上課，但參與度低的阿女開始會主動分享故事，主動上臺扮演角色，似乎也很享受搬演自己的故事；原本不固定出席的鳳，變成固定成員，幾乎每堂課都到，除了主動分享故事、念很多四句聯給大家聽，也樂於參與角色，自己還在家裡想了很多四句聯來搶戲；年紀最長的阿妹在分享故事部分，大部分時候的回應是：「不知道、不記得了。」在前兩年也不大會主動跳出來舞蹈唱歌，但在第三年之後，身體參與的部分多很多，不論是坐在位置上動動手，或是到桌椅排成ㄇ字型的中間場地跳舞、運動，都有高度的參與；而第二年才加入的雅子，前兩年比較願意參與口頭分享故事，但演戲、唱歌跳舞，都以自己腳不方便，自己從小就不會玩不懂得玩為由，只在一旁觀看或抄佛經，但到了第四年，她的手願意跟著我們一起做一些動作或做運動了；自始至終都很熱絡參與的美月，依舊保持熱情，但她也是所有學員中唯一會在課堂中划手機的人，這習慣我的觀察是從第三年開始，除了我以外的人在說話時，她都在划手機看影片，但對於表演或其他身體的活動或共讀繪本時，她還是會充分地參與。

　　第二年期末，我們被安排到樂齡教育成果展公演，我們是唯一一組戲劇表演，其他的動態演出都是歌唱跳舞。公演那天，因我自己開車，比老人家晚到幾分鐘，老人家很緊張，急著叫校長打電

話給我：「沒有老師我們不會演啦！」老人家說。演出時，雖然舞臺很高，隨身麥克風支數不夠，有些臺詞、有些蹲下的動作觀眾聽不清楚看不到，但在臺上擔任故事旁白我聽得很清楚，臺下樂齡觀眾的笑聲。末了，八十四歲滿懷日本殖民記憶的阿本公對我說：「老師，攏是你牽成，甲這呢老阿，從沒想過這世人有機會上臺。」

到了第三年，一位中途才加入，上課過程很安靜的臺籍阿嬤雅子分享她小時候的記憶：「爸爸重男輕女，我要照顧弟弟，而且還要從早做到晚，從來不會玩，連球怎麼拍都不會，很丟臉。也沒機會讀書，我偷拿戶口名簿要去學校，想做學生，被我舅舅發現，他還對我摔椅子，說女孩子讀什麼書。」另一個聽不懂中文的臺籍阿嬤鳳說，她小時候家裡是「糊金紙」的，有一次父親的朋友請他寄藏一支私槍，有天，父親竟然在朋友聊天的場合拿出來展示那支槍，不小心擦槍走火，打傷了人而被抓入獄，母親為了父親的保釋四處奔走，無法顧及家裡，她是長女，就要扛起家裡大小事，包括照顧弟弟，母親奔走的時間拖得很長，她也沒機會讀書，還曾揹弟弟到學校看人讀書——鳳在第一年時曾說：「這樣一直講自己的故事很見笑（丟臉）。」她現在願意說她的故事了——這些故事觸動了我。隔週上課，我帶了一本繪本《樹的聲音》跟老人家說：「我們來讀書吧！」

我們就著每一頁的畫面討論畫面裡的故事，邀請大家分享被畫面引出的故事，從第一年開始連開口說故事都不願意的阿女，這回說了很多故事，甚至上場演出她童年背著書包和一群小孩穿過竹

302

林，帶頭的那個，轉頭跟大家說：「爬上竹子玩好不好？」每個人就揹著書包用力爬上皮膚滑滑的竹子頂端，再把左右的竹枝竹葉一把抓過來，束成一匹竹馬，在風中奔跑！有一個孩子大笑說：「像猴子在騎馬。」大夥就在竹馬上吃完午餐，玩累了再回家的好多個逃學的日子的記憶。還有看起來很嚴肅的愛姨被那頁坐在心型大樹下的男生女生，旁邊還停著一輛腳踏車的畫面，勾起她和她的初戀情人（後來變成老公）約會的記憶，騎著單車跨過大溪去鎮上的電影院看電影，夕陽把影子拉得好長時，她和她的初戀情人騎著單車穿過綠色稻田，來到開滿粉紅色花朵的樹下休息，情人拿出柑仔糖請她吃，兩人一起吃柑仔糖配白開水：「因為有你，白開水都是甜的。」阿嬤回憶笑著說。

那一年期末，我們被邀請到慈濟精舍演給很多老人看，演完之後，樂齡演員們各個精神奕奕，離開精舍過馬路時，八十多歲的阿本公伸手牽住不方便行走的 ama，後來又加入另一個名叫連卻的 ama 一起牽手，三個年逾八十五歲的老小孩，手牽著手邊走邊唱兒時記憶的日本歌，還高舉雙手大聲喊「萬歲」。研究老化現象而發展生命回顧療法的 Robert Bulter（1963）認為，生命回顧歷程可指引人們對生命周期的體認，而發展出良性的關係，並有效因應悲傷、寂寞與抑鬱。而我在這裡更看到此良性關係的發展因為集體性的生命歷史片段的回顧與展演，從他者／觀眾的正向回饋，不僅獲得了療癒，孤獨感消失，同時也更加肯定自我。

阿本公和跟她牽手的兩位 ama 原來並不那麼熟，即使住在同

一個村子大半輩子。他們的熟悉從樂齡課程開始建立，而這次牽手後，大家都開玩笑地說連卻 ama 是阿本公的女朋友，甚至到了隔年我去上課時，連卻 ama 都大方地自嘲：「他沒老婆，我沒老公，人家就說，他是我男朋友這樣啊。」

第四年，我們持續從用身體共讀繪本，做暖身、玩遊戲、分享討論，並為舊的劇情加入新頁。到霧嵐氤氳的金針山上演給社區居民和觀光客觀賞，在臺上，95 歲的阿妹 ama 一聽到阿美族的歌馬上從椅子上跳起來，用力又唱又跳，因為臺下觀眾的笑聲和掌聲，不畏十二月天寒，老人家演出更賣力，說得準確一點，是玩戲玩得更嗨（自己加詞加動作）。下山的路，起霧了，七十多歲的愛姨問：「老師，你明年還會不會來教我們？」八十五歲的阿本公說：「要囉！怎麼可以不來教我們！（臺語）」兩個老人家在霧裡唱起櫻花之歌，他們說是送別的歌。山路崎嶇，雲霧迷濛，櫻花的季節，又是。老人家的對話有著四十多歲的我沒有的飽滿和確定，是角色扮演、舞臺戲劇、觀眾的目光和掌聲給出的力量嗎？

第五年，我持續用繪本與老人家進行身體閱讀，這年被邀請表演給其他樂齡學習團體觀看。從第四年開始，參與課程的老人家在人數上增多，身體和表演慾有很大的轉變，除了本來就很負責的，所有道具都是自己準備，從來不會遲到，連演出的道具像竹子和芭樂枝都很神奇地扛在七十多歲的肩頭帶來教室的阿珠沒變；綁著沖天泡穿肚兜的美月是很愛現的好學生，每次都最早來，也最認真，她還可以代替所有演員演出所有臺詞；而覺得上臺演出是挺丟臉的

鳳，其實默默在家努力回想很多「唸歌」和「四句聯」來搶戲；還有三個男演員其一的雄叔也很拼命，休息時間還一個人在外面練習舞步（其實他第一年都還會推辭角色）；從來不願開口說故事，演戲也躲在角落的阿女，也會自動下來參一腳；更多的人對演戲這回事，對共讀這回事，都更有概念、更投入……當然，還是有人沒那麼靠譜，忘記來排戲的，失控脫稿演出的，意見一堆的，像曇花一現的來了又消失，演出那天又出現的……第五年了，狀況還是不斷。不過，讓老人家看了別的樂齡及自己的表演影片，心靈喊話一番，還是可以激起榮譽心與鬥志。

這年的第一場演出，早上一到集合地點，雄叔就拉著我：

「老師，趕快排戲了，等一下演出不能漏氣。」

然後，演員一個個來跟我報備：

「老ㄙ，我們昨天換舞步了，比較簡單的……」

「老師，我找我老公來吹薩克斯風幫你們伴奏……」重點是，她根本沒來排過戲，不是演員。」

「老ㄙㄨ，我不要演樹了，我來演學生，我要唸一段四句聯……」

演員的造型、道具，今天才初次亮相（之前催了很多次，從來不放在心上）要正式演出之前的兩個小時，真是讓我這個導演驚喜連連，還好，我這個導演夠隨便，夠聰明，心臟夠強。但是，要正式演出了，才知道舞臺在戶外的草皮，演員們全都效率非常，讓我

排演《樹的記憶》。

迅速安排座位與空間，指示上下場走位，十五分鐘準備，包含十多人排隊上一間女廁……

正式演出了，超過千歲的演員們的專業與臨場反應，也讓我幾乎要喜極而泣，99.5 分，我跟演員們說。平常「離離剌剌」（臺語），從來不曾表現如此高水準，連演員自己臨時加的詞，第一次搭配的薩克斯風，演出前臨時改的情節，竟都如流水般順暢——太神奇了，今天這場演出。

臺上的演員（最老的歌唱隊 96 歲的阿妹）的賣力，臺下觀眾的笑聲和淚，交織了一場超時空的療癒。關於老年人的研究證實了人類終其一生都有鼓勵創造行為的必要，白特尼認為戲劇對不同年紀的人，都能開拓想像力與自發性。創造力、想像力及自發性對於生命都是具有正向回饋的力量。

　　而這年的戲碼，我命名為《返札來，細漢ㄟ時》，「返札來」是阿美族語「Fangcal」的譯音，為「美好」的意思，「細漢」是臺語，指小時候。我企圖改變以往以漢族提供的故事為主的戲劇內容，以及我擔任旁白串場的角色。在《返札來，細漢ㄟ時》，我化身為一個離家到異地工作的阿美族人引出整個故事，有我的回憶與身分認同，最後還讓所有人一起牽手圍圈唱歌跳舞，因而參與演出的部分漢族這輩子從未跳過舞，也不曾與阿美族人一同跳阿美族的舞步，唱阿美族的歌，在我的樂齡身體閱讀中獻出第一次。當我看著平日習慣自動以族群分類而分坐兩邊的長者，打破族群的隱形界線，牽手一起舞蹈歌唱，特別是口中仍習慣稱：「他們番仔……」上課時多數時候選擇坐在位置上，讓發言權和角色 pass 過去的漢族，褪去身體承載的文化包袱，向「非我族類」進行文化的學習，也是在這個圓之中一同牽手的我，參與了一個儀式性的集體療癒，我們創造了故事，同時也創造了一種新的「關係」的連結。

■ 文本

《樹的聲音》

艾利克・巴圖 著，徐友寧 譯，2004，米奇巴克有限公司。

4.3

樂齡身體閱讀的開發

2018 年我的樂齡戲劇課邁入第六年，人事上有很大的變動，校長調走了，一半以上的老人家缺席，皆因身體出狀況或出意外（例如騎車跌倒），有的在家休養，有的住院，有的被小孩接去外地照顧……因而，我取消最後的展演，而把課程完全轉向身體閱讀。

這年第一堂課，只來了八個人（過去最少也會有十多人）。做完拍打暖身之後，我拿出我寫的《相握的手》來唸，一邊請教他們臺語和阿美語怎麼唸。我省略了一些段落，像「教我數數、教我敲敲打打」等與他們的生活經驗差距太大的部分，然後我提問：「你們的父母小時候曾教過你們做什麼事？」他們答的都是教他們如何生火燒水煮飯、種菜等等這一類的家事。阿本公說他小時候工作很多，還要砍筍，還會做皮箱做菜簍，會做很多很多東西。美月說她小時候都不做事，跟在媽媽後面，媽媽餵雞，她就拔雞毛來做毽子，所以一直到了結婚時都還不會做家事，她足足哭了十年，準確地說是被婆婆罵了十年。這讓鳳想起一段唸歌：「作田的女兒毋好嫁田庄，燒稻股草做粗糠，目屎作飯湯，田螺做水缸，田螺疕做灶磚。」還有另外一首：「查某仔毋好嫁內山，跂踏山手慢擔，食一捧溪溝仔水透心肝。」我再提問：「有沒有唱一些搖籃曲給自己的小孩或者是媽媽有唱給你們聽過？」97 歲的阿妹唱「那魯灣」，另外一

個阿美族的 ama 唱日本歌，她簡單的翻譯說是：「我現在很可憐，爸爸媽媽趕快來看我。」客家籍的美月認真地唱著搖囝仔歌：「一暝大一吋」。

接著開始身體的演繹，我讀本他們來演，他們很認真自己分配角色：「我要演小孩，我要演蝴蝶，老里長演蟲好了……」先坐在位子上面練習動作與臺詞（很多老人家無法或不喜久站），然後我們排出一個ㄇ字型的空間做為舞臺，美月演小孩，鳳演媽媽，阿本公演爸爸，梅子演蝴蝶，阿本公說我老了沒有辦法，其他人很認真地說誰誰誰來了再換他演就好了，你先代替一下。我說了兩三次我們只是在玩，並沒有準備要去演出，現在只是在玩而已，所以誰演都沒有關係。但是老人家們卻都還是很認真在分配角色說下次再換誰來演就好了。

我用臺語唸旁白，演了第一輪，每個人都乖乖的聽我的旁白指示，叫到誰演什麼他們就演什麼，演花的阿美族老人家坐在椅子上演花，演蝴蝶的演蟲的演魚的，我叫他飛他就飛我叫他爬他就爬我叫他花要開，他們就捧起手來搖做開花狀，老人家真的非常非常的聽話，而且很可愛動作很活潑，男女牽手也都很自然，而且還會提醒我漏掉的段落──還沒有那麼快扛在肩上，還要去溪邊玩水抓魚啦！這樣的聽話這樣的自然這樣的活潑這樣的認真，是我們樂齡戲劇課走到第六年，他們每年都去演出，累積出來的成果與反應。美月說：「老師你叫我們做什麼，我們都會乖乖的去做。」

《相握的手》有一段是好朋友的手的故事，我問老人家會跟好

朋友分享什麼？有阿嬤覺得小時候沒什麼東西可以分享，就分享冰棒啊甘蔗這些。梅子就說我來賣冰棒，「我小時候當學生的時候就是在賣冰棒。」她說。她還還原了當時賣冰棒吆喝的一種特別的聲音。一個 ama 說要買冰棒，梅子過去跟她說一支兩塊錢，ama 說：「我只有五毛錢。」梅子非常認真地回說：「那個時候賣就是兩塊錢了，所以我不能夠賠錢賣你。」

故事裡還有提到跟好朋友玩遊戲，那老人家小時候的童玩是什麼呢？一些腳還 ok 的老人還出來玩鬼抓人，他們都忘了怎麼玩，我還得教他們玩，但老人家都乖乖地玩，在自己的體力範圍之內，但也都說好累。

我還拿了沙包去，大家的手都不靈活了，反應也慢很多，一個都接不太起來，但像阿女動一下就喘的，倒是很有耐性在玩，幾次以後，手感較順了，就進步了。七十多歲的阿女很專注地蹲在地上丟沙包，另外兩個阿美族的 ama 蹲在地上一起玩沙包，笑得很開心。雄叔每一種遊戲都樂意嘗試，但快八十歲他真的不靈活了，沙包接不起來，玩他小時後玩的丟錢入洞的遊戲，別的女生都比他厲害，但他都還是玩得很開心。

除了挑戰老鷹抓小雞、鬼抓人、踢毽子、拍球、甚至還用橡皮筋跳繩，這實在是刺激到有點危險，但多數人都很樂意挑戰。不管是單人還是兩人拉著轉橡皮筋，讓人在中間跳，挑戰成功的人都因為找到年輕的感覺而顯得十分雀躍。這些認真遊戲的身影在場上跳躍飛舞，俏皮地大笑、想要挑戰自我的意志、活躍的身體⋯⋯這些

未來的夢想——當董娘。

讓我看見了米蘭・昆德拉說的「時間之外」，十分迷人。當然我
必須特別說明，參與遊戲的長者都是六十多歲，且在彼此熟悉的身
心狀況，也有助教在一旁協助，安全適度的玩遊戲。

　　《相握的手》故事裡提到了未來的夢想，我邀請大家演出童
年的夢想——阿本公想當船長，我叫他開船，他手做握船舵狀，我
叫其他人做坐船狀，搖晃一下，大家就聽話地晃幾下，我演海浪，
還有人自動地跳出來演海豚、演魚。鳳想當董事長夫人，就是翹腳
捻鬍鬚，我說：「夫人沒有鬍鬚。」她就說：「那，抽一根菸」，
就做抽菸狀。美月要當董事長又想當演員，但環境不允許，她即興
演了一段很忙很客氣的董事長的獨腳戲，一直在簽公文，一直在交
代事情，還很客氣麻煩小妹幫她倒一杯咖啡。梅子唱了「心事沒人

知」，她想當歌星。最不會玩、最乖，每次都在抄佛經的雅子，說她小時候很乖，也被爸爸逼婚，自己愛的有錢人被爸爸拒絕，說嫁過去會被苦毒，她也乖乖地聽爸爸的話嫁一個種田人，一輩子做農也窮一輩子，她總是不斷地說對不起，她不會玩，小時候都沒機會玩，連拍球都不會拍，現在更不會。她沒有夢想，只想當一個老老實實的人……

■ 文本

《閱讀魔法屋1：洪瓊君的身體閱讀〔理論篇〕》
洪瓊君 著，2023，臺中市：晨星出版。

《相握的手》
洪瓊君 著，2023，臺北市：星月書房。

很多的第一次——《第一次上街買東西》

在一次課程中，我說演《第一次上街買東西》，大家聽得很認真。然後，我邀請每個人演出第一次有收入的工作。鳳說，一直帶弟弟妹妹煮飯洗衣，然後嫁人，沒做過外面的工作，家裡是做金紙的。雄叔說他第一份工作是賣橘子，還很認真找了竹竿當扁旦挑，我找了兩個阿媽編的藤籃讓他挑，他有模有樣地賣起橘子。美女在工廠做裁縫，阿美籍的阿蘭演採金針，阿本公演編菜簍，老里長（三個男學員之一）很有經驗地做了一段里民廣播……經過五年的戲劇課程，老人家都很熟悉地運用默劇動作即興表演，不管是表演者抑或是旁觀者，歡樂的笑聲是一直都在的背景聲音。精神分析學派

說演故事《第一次上街買東西》。

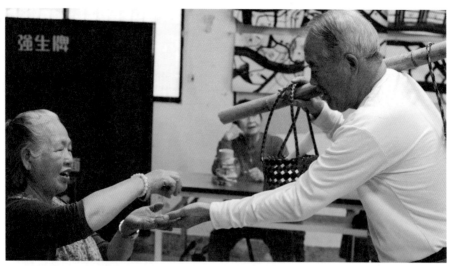

長者演出第一次挑擔賣橘子。

Kitano（1986）認為創造力乃是一種控制退化的能力，而自我揭露（self-disclosure）對於免疫功能也非常有益而且經常具有創造性。走了六年，在身體與創意的開展、笑聲與故事不斷的過程中，我終於有了自信與肯定，身體閱讀對老人家的幫助，是無形的禮物，是勇氣是健康是力量也是彼此的連結。

■ 文本
《第一次上街買東西》
筒井賴子 著，林明子 繪圖，2020，英文漢聲。

4.5

詩意的身體——《最初的質問》

　　這一年最後幾堂課，我以共讀《最初的質問》這本書做尾聲，我選擇用臺語唸。不知是因為用比較沉穩的聲音以臺語來唸，氣氛整個沉澱沉靜下來，還是因為這本繪本插圖的氛圍比較沉靜，顏色很淡雅，今天大家都更專注安靜的聆聽，繪本內容是由一句一句的問句組成，老人家都會主動的回應這些問句，其中，梅子還說她小時候就像插圖裡的小女孩，經常那樣站在河邊靜靜看著河水、看著天空。接著他們分享了對一條河的記憶，有人說河裡有蝦、有魚，有蝌蚪還有很多螺，雅子說起她對河的恐懼，有一年颱風淹大水，彼時她還在當公車車掌，河水淹過大橋，將公車推至路的另一邊，被大石頭擋住才不致落河，整個車廂頓時被水推擠成舟，在漫漶汪洋中飄啊盪著，後來所有人下車各個緊牽著彼此的手，一步一步謹慎地穿過河水，自此，她看到河水總會想起那次驚險的過程。

　　後來，我請他們分享，在窗戶外面街道那一頭，你看到了什麼風景？鳳說他從她家庭院可以看到窗外的樹，可以看到稻田看到溪水，天上的雲一湧一湧的像海浪一樣。梅子還說她就看到有樹有花有人種的菜，然後她站在樹底下餵雞，有人走過去就跟他打招呼。然後我問他們「什麼是最美的？」（這些問句都是書裡面的句子。）我自答說：「螢火蟲！看過千萬遍再相遇還是會驚呼，好美！」所有人異口同聲說：「以前好多好多。」那個駝背的 ama 說起用不

知什麼容器裝螢火蟲當燈照路（沒有翻譯，聽不懂 ama 說的容器是什麼？）。鳳說他們小時候會將雞脖子裡面的「雞囊」（臺語，嗉囊）洗淨曬乾，再吹膨脹之後，用它來裝螢火蟲照明。

關於美，好幾個 ama 和阿嬤都覺得花最美；雄叔說最美的是從他的窗外看出去，可以看到火車開過去，還有遠方的山脈很美。雅子說她每天早上起來，看到兩個孫子在那裡跟她打招呼說：「阿嬤早安。」她覺得就是最美的事。美月說女人最美，每個女人她都覺得很美。後來，我讓大家一起合演每個人分享的記憶與想法。很奇妙，每個人說的都好像詩好像畫，動作也很優雅。一個美的文本導引出這般詩意的時光，用詩意的身體，來回應詩的畫意。

最後一堂課，我請每一個人端詳自己的手，看手的皺紋、手的形狀、手的傷疤、和手的記憶，最後畫自己的手，每一個手指頭代表不同的生命階段。老人家請我幫他們在畫下的手旁寫著：「插秧的手；煮飯的手；做工起家的手；種西瓜的手；在山上工作的手；洗衣服的手；少年瘋狂的手；壯年打拼工作的手；中年建立家庭的手；老年滑手機的手；現在是幸福的手⋯⋯。」從文本共讀到身體閱讀，我和樂齡學習的長輩們共同經歷了一場由外而內，從身體到心靈開發的奇妙的探索旅程，這段旅程我來說是彌足珍貴的。

我的手就是一生。

■ 文本

《最初的質問》

長田弘 著，楊玉鳳 譯，伊勢英子 繪圖，2014，聯經出版公司。

4.6

身體閱讀激發出「交往性生命」的交流
——樂齡身體閱讀的暖身遊戲

　　《五種身體》的作者約翰‧歐尼爾要我們牢記：所有的身體都是家庭化的身體（familied bodies）。家庭被尊為培育身心健康的個人的中心，但它同時又被攻擊為濫用權威、粗暴和專制。我在樂齡身體閱讀的觀察中，雅子被規範的身體是最有力的證明，即使身處於同齡大笑玩樂的氛圍中，她仍無法稍稍解放家庭文化的包袱所包裹著的，那個不會玩、不能玩的身體。然而，約翰‧歐尼爾同時也指出，身體是我們賴以棲居的大社會和小社會所共有的美好工具。身體的社交性源自於心與心之間坦誠相待的情感交流，源自我們作為體現著的存在才擁有的那種交往性生命（communicative life）。六年來，我和樂齡長者們越來越深入，越來越敞開分享彼此的故事，透過遊戲、歌舞、故事與戲劇搬演交流情感，讓彼此的身心靈都更坦誠，交往性的生命交流在演出別人的記憶、學習他族的舞蹈、一起經歷的遊戲儀式、共同搬演一齣戲的革命情感，以及不同族群、不同性別身體的接觸愈來愈自然中體現。

　　賈克‧樂寇認為我們必須觀察四周的生命與事物如何運動，以及他們如何反射在我們身上。每一個人的真實本色都會藉由對外在世界的施力與反應而向自己浮現。學生的不同特質也會藉著這個反射而呈現。85 歲的鳳上了六年樂齡戲劇課，第一次主動地唱歌（因

為聲帶不好從不唱歌，她說這是她這輩子第一次開口唱歌。），並且從認為演戲是瘋子，說自己的故事很丟臉，轉變到自己加戲，自己安排角色與唸詞，和 97 歲總是說忘記了、不知道，而且總是會頭暈不喜站著的阿妹自主性地站起來跳舞、作運動，甚至有一次還抱著我親我，表演她跟她老公約會的樣子。雄叔（三個男學員之一）愈來愈認真排戲、愈來愈認真嘗試各種遊戲。不願意分享故事，不想參與演出的阿女，後來大方分享她的記憶，主動參與角色等等。這些樂齡身體的被開發，都是其他 ama 的歌聲，所有人的歡樂氣氛、彼此的信任，以及那些認真對待演戲這回事的「同學」的施力影響，而將內在那個好玩的、想參與、想展現自己的特質激發出來。

更令人動容的是，在身體閱／共讀中，觸發言語的、動作的、記憶的、想像的……各種回應，讓年幼到成人到親子到近百歲的樂齡，跨越了不同世代心理的、認知的、身體的種種藩籬，縱向從個人的外在進入內在的探索；橫向因同儕的施力影響激發出更深層的「交往性生命」的交流。

六年的樂齡身體閱讀課，從長輩們的回饋與表演，我看到身體閱讀對長者身心健康的幫助，除了心情愉快、活動肢體之外，還有很多記憶、表達、傾聽、思考、創意、身體反應，甚至在記憶回溯的呈現中獲得抒發與療癒等等全方位的啟動，是非常值得在照顧到安全的狀態下，大力推廣的樂齡學習模式。除了前面篇章介紹的完整的身體閱讀文本和延伸活動之外，以下，我特別整理了幾個我運用在樂齡身體閱讀課中的暖身活動，供大家參考。

■ 樂齡暖身活動

1. 按摩暖身（活動目的：破冰、活絡身體細胞）

讓長者圍成一圈或是兩個一組，相互按摩，從頭頂到肩膀到手臂到背部，腳的部分可以自己來，將手指彎成爪狀輕敲頭部，其他部位以拍打為主。或者可參考親子身體閱讀的《騎士胡比》的按摩方式，讓大家在一開始上課前可以動動身體，讓身體暖起來，也讓彼此感情加溫一下。

按摩暖身。

2. 傳接球（活動目的：破冰、訓練記憶、注意力、身體反應）

1. 大家圍坐成一圈，請大家輪流介紹自己的名字，然後老師拿出事先準備的一顆小塑膠球，請大家輪流傳球，傳球之前先喊出對方的名字，確認對方有看到你了，再把球傳給他。接到球之後，再喊另一個人的名字，再把球傳給他，直到所有人都接過球為止，最後，球會回到老師的手上。

2. 重點是，每一個人都要傳到球，所以傳過的人就不能再傳給他，也不能傳給旁邊的人。

3. 進階版：可以用乒乓球來傳接，增加困難度。

用乒乓球玩傳接
球。老人家還站
起來拍打乒乓
球，挑戰自己的
反應能力。

3. 名字手勢

（活動目的：破冰、訓練記憶、節奏感、注意力、身體反應）

1. 大家圍坐成一圈，請大家輪流用一個簡單且有節奏感的動作介紹自己的名字，全體的人都介紹過之後，老師帶著大家重複兩、三遍所有人介紹名字的動作，要動作和名字一起重複，若人數較多，亦可三、四個人就重複一遍。例如：阿雀（自己的名字，同時做動作）、月女（別人的名字，同時做動作）。

2. 進階版：隨機呼喊別人的名字，但要先喊自己的名字同時做自己名字的動作，再呼喊別人的名字同時做他名字的動作，一直輪流重複下去。

用動作介紹自己的名字。

4. 拉橡皮筋 （活動目的：活動筋骨、訓練節奏感）

1. 準備一長條由橡皮筋串起的橡皮筋繩。

2. 大家圍坐一圈，每個人握住橡皮筋繩。

3. 放一首老人家熟悉的節奏稍微輕快的歌，讓大家握著橡皮筋，跟著老師的手勢，將橡皮筋繩舉高、向左、向右，再平舉、向左、向右，再把手臂放下（持續拉著橡皮筋繩）、向左、向右；再重複一遍動作，也可以向後拉、向前拉。跟著節奏，平穩地拉著橡皮筋繩擺動即可。

拉橡皮筋活動筋骨、訓練節奏感。

5. 船長開船 （活動目的：活動筋骨、訓練記憶力、協調感）

給大家四個指令，當老師喊：「拉繩」時，大家就把雙手舉高做拉繩狀，同時喊：「有」；當老師喊：「上甲板」時，大家就用雙手拍兩下桌子；當老師喊：「開船」時，大家就抬起左手握拳喊「ㄅㄨㄅㄨ」（同加油狀）；當老師喊：「靠岸」時，大家就將右手往前伸再往後拉，同時喊：「嗶嗶」。

船長開船。

6. 動物模仿（活動目的：開發肢體、活絡氣氛）

老人家的生活經驗豐富，尤其在過去以農業為主的年代與自然生命多有接觸觀察。讓樂齡長者模仿動物的動作和叫聲，對他們來說是輕而易舉的事，但也因平日鮮少有機會做這類模仿，對其他觀看的人來說也會覺得新鮮有趣，而長者的表演也都非常生動。

動物模仿——
學青蛙叫。

7. 還可以是什麼？（活動目的：刺激聯想力）

1. 以一只水壺延伸聯想力，「水壺」除了水壺本身的功能之外，還可以變成什麼？老師可先做一、兩個示範。不必執著於水壺本身的形狀，水壺還可以是任何東西的一部分。

一只水壺還可以是什麼？在課堂上我做了示範之後，九十七歲的嬤姆把它當娃娃抱在懷裡，有人拿它當啞鈴、當手機講電話、當望遠鏡、當枕頭……八十五歲的阿公拿著水壺開始唱：我哪甲歹命……

2. 不能用說的，要用肢體表演出來，可以包含聲音和動作。

老人家把一只水壺想像成小 BABY。

8. 傳動作（活動目的：訓練思考、表達）

1. 請老人家排成一列，腳不方便者可以坐著，也可以將站著的和坐著的分成兩隊，一組在傳動作時，另一組可欣賞。

2. 老師準備幾個跟長者或一般人生活經驗比較熟悉、相關的題目，例如：吃飯、開車、騎單車、吃香蕉……等一般生活經驗，或者像我們東部鄉下老人的生活勞動經驗：種稻、採金針、拔草、升柴火……等具文化性的生活經驗。

3. 除了排在隊伍第一位的老人之外，其他人都轉身背對，只

有被前一位長者拍到肩膀的人方可轉身，傳完動作即再轉回來。

4. 最後，請每個人講出自己接收到的答案。

5. 除了「傳動作」之外，亦可改為「傳話」。

傳動作，製造很多笑點，老人家都忘了要轉回來。

9. 反唱雙簧（活動目的：訓練表達力、記憶力與專注聆聽）

原本雙簧的表演方式是由前面的一個演員表演動作，藏在後面的一個人或說或唱，互相配合，好像前面的演員在自演自唱一樣。在這裡，我們反過來操作。

1. 先訂一個主題，例如：「第一次約會」、「第一次離家」、「最難忘的事」……

2. 人數不多時，便請大家圍成圓圈輪流說故事。

3. 在舞臺上以前後方向放置兩張椅子，並以順時針方向輪番上場，第一位上臺者坐在前面的位置雙手放在背後，右手握住左手腕，並講述故事，第二位上臺者坐在後面的椅子，

雙手穿過坐於前面位置的人環扣的手，以手勢配合前面說故事者的情節做動作，手勢可以豐富誇大一點，製造趣味與笑點。

4. 進階版：亦可兩人一組，互相分享故事。A 先分享故事，B 聆聽，不能打岔不能問問題（這對長者來說很困難），然後輪流各組上臺，B 坐於前面以第一人稱說 A 的故事，A 坐於後方以手勢做補充表演——記憶重述他人的故事，對長者更是困難，但這是很好的腦力訓練。

反唱雙簧。

10. **講反話**（活動目的：說故事讓人有一層保護膜去面對過去，在說故事、編故事和聽故事的過程中，彼此都較容易獲得抒發、了解甚至是釋懷。當然，為了說故事與釐清真假，長者需要動用大量腦力和表達，對於預防失智也會有所幫助。）

1. 請大家分享自己喜歡的事物、喜歡吃的東西以及最常做的事等等。

2. 請大家練習說反話，把剛剛自己喜歡的事物、喜歡吃的東西以及最常做的事等等改成：我最討厭……我最不喜歡吃……與我常常做的事是不相干的事，或者改成相反詞，例如：我最常做的事是「工作」，改說成：我最常做的是「玩

要」；我最常做的是「唱歌」改成我最常做的是「沉默」。

3. 改成相反詞，是很高階的訓練，一般人都不容易做到，所以，可以在多次練習之後，嘗試玩玩看。

4. 進階版：

（1）每個人說兩件事，一件是真實的，一件是吹牛。可以用簡單的句子陳述，例如，第一件事：我是女生。第二件事：我剛剛吃掉一艘航空母艦。

（2）每個人說兩件事，一件是真實的，一件是謊言。要讓人分不清真假，信以為真。可以用簡單的句子陳述，再請大家猜哪一件事是真的，哪一件事是假的。

（3）當大家熟練用簡單句子陳述真實與謊言之後，可以再試試說故事，說一個真實的故事和一個虛構的故事，一定要以第一人稱來陳述故事，並且是與自己有關的故事。再請大家猜哪一件事是真的，哪一件事是假的。

講反話、真假故事，這過程說故事和聽故事的人都會獲得某種程度的療癒——最後，大家以一個真實或不真實的姿態表現自己做為結束。

親愛的大美人你好呀！

我們的課已經接近尾聲，而開學初在福建爆發的疫情又推遲了我們的相遇，記得第一次在教室裡上網課，你在螢幕的另一端，讓我們用肢體介紹自己，我在那一節課上倍感壓力，沒有想到自己心血來潮選的戲劇課是這樣的，有這麼多需要表現的時候，用口頭語言表達自己就是件不太簡單的事了，更何況是肢體動作呢？同學把開著攝像頭的手機給我，我趕緊鑽到桌子下面。

這門課有很多小組合作，我們常常隨機和不同的人組成小組，大家的性格不一樣，和他們一起參與活動的感受也不一樣。和有些人組成小組可以很快碰撞出靈感的火花，做活動的過程也非常有趣，有些同學一起做活動則相對拘謹，創意性也不那麼好。

老師其實是比較有分寸地拿捏了我們之間的關係，有時像個導演一樣很嚴肅地點評，有時像個溫柔親切的年長者，有時候像個可愛的頑童，時不時冒出兩句把大家都逗笑的言論。

我當然一點也不後悔選這門課啦。我覺得從課上學到的理念多於形式的部分。

首先，營造了寬鬆愉悅的課堂氛圍，老師是教授，是作家，是長輩，卻不會給我們壓制之感，我在中學實習的時候，那位五、六十歲的指導老師就很有架子，大家對他有畏懼，所以在他的課堂上，同學們的熱情、積極性、創造性就被壓抑了，氛圍很沉悶。我想，我也要像您一樣做個親切又有威信的老師。

第二，有學生自主的活動，我們實踐的部分會比您說得部分要多，您起著引導的作用，我們自己去感悟、去設計、去創造，而不再是教師講授，我們被動地接受學習了。

第三，理性思維是以感官發展為前提的，老師極大程度上調動我們的身體，開發我們的感官，也刺激了大腦的活躍度，雖然只有大腦有思考的功能，但是外在的感官感知有效地轉變深化為內在的思考，比如用身體閱讀、寫詩。

第四，課堂上的我們成為了好朋友。最近在圖書館偶遇一起參與活動的同學，他們都會主動跟我打招呼，一開始我還沒反應過來，後來想起來是戲劇課上的小夥伴。小組合作，不再是狹隘的固定組合，而是具有流動性的、多變的、隨機的組合，這樣一整個班級的人都能很快熟悉起來，增進了我們的人際交往。

第五，這是融合了德、智、體、美的教育。德育，就是我們閱讀的內容具有道德啟發的意義，比如有環保的主題，有母愛的主題，有夢想的主題，在我們做活動通過角色扮演，也能有設身處地的體會。在智育上激發了我們的創造性、想像力。在體育上充分活動肢體，運用身體各個部分、各種角度來活動，也能放鬆身心。美育上，戲劇本來就是一門美學，我們編排一個小小的節目，會考慮到音樂節奏、舞臺的協調、作品整體的戲劇性效果等。另外，我們在做活動找靈感的時候，會聯繫自己過往的經歷，回憶那時候是什麼樣的狀態、怎樣的體會，對自己的生活也多留心。

仔細想想，雖然只是看似平常的身體閱讀課，卻蘊含了極其豐

富的教育教學理念。

　　這門課給我帶來了很多的歡樂和收穫。還有您的生活狀態也讓我特別羨慕，您有著作家、戲劇家、教師的身份，可以一直做著自己喜歡的事情，有豐富的閱歷，去許許多多地方見形形色色的人，這是多好的生活呀！我也喜歡寫作，喜歡戲劇，但是目前似乎沒有什麼機會可以系統地學習，迫於現實的壓力，我們更多地是思考將來要怎麼找到穩定的工作，怎麼去謀生。我真想讓自己的生活是被自己感興趣的事物所充實的，可以做一些有意義的事。希望以後也能成為像您一樣的人吧，能對特定的領域有自己研究創新和貢獻。

　　很快就要畢業啦，以後也沒有機會再上到您的課了，您和您的課都很特別，都會成為我寶貴記憶的一部分！

　　結尾處悄悄分享每次戲劇課後的小記錄，您也會看到我對於這堂課看法的轉變：

2021 年 9 月 14 日：

　　年紀大了就不適合上課了，一想到要上課就好煩，雖然一周才兩節，但我寧可整天在圖書館專注背書也不要去聽課！太可怕了！特別是身體閱讀，第一節課：用肢體動作介紹一下你的名字？？？我不太好了。

2021 年 9 月 18 日

　　身體閱讀課也沒那麼可怕了，玩得挺開心，從篤行樓，到坐在學校步道的長椅上聽網課（老師說我這裡很詩情畫意），再到圖

書館後面的臺階上，天臺上的風呼呼地吹得很舒服，在上面活蹦亂跳。

2021 年 11 月 22 日

　　好喜歡大美人老師呀，在教育史裡面讀到的很多著名教育家的理念都在她的課堂上踐行了。教育適應自然，全面發展的教育，感官開發，活動課程，角色扮演法，教師主導學生主體，給予我們充分的尊重，從不評判好與壞，調動我們參與，展示我們的創意，她會分享她的繪本，用身體來閱讀，師生就是很平等的關係，我們可以隨便開玩笑，在這個課，很放鬆。在大美人老師的課上沒有包袱，我可以笑得很大聲，整個教室都是大家的笑聲。她說尊重學生的選擇是她一直秉持的理念，就算我們呈現的作品很普通，但她不會說不好。對待生活也是這樣。這是一個看到別人雨天騎電動車摔倒會跑過去扶的老師，是表情動作語言都很誇張的兒童文學博士，是會把理髮店有女生特質的小哥叫去給她當演員的戲劇家，是因為打開門沒有大海而是白牆而沮喪的小島人。她的人生太豐富啦，寫作，教課，科研，戲劇巡演……，一開始覺得這個課可能是給小朋友上的，仔細琢磨一下，對於今後的教育實踐還是收穫頗多的，才不是傳統的死教書，而是可以以劇場的形式，調動肢體和感官，讓大家充分參與。

國家圖書館出版品預行編目資料

閱讀魔法屋 2：洪瓊君的身體閱讀〔實踐篇〕／
洪瓊君 著；Paude、陳采湕 攝影．－－初版．－
－臺中市：晨星出版有限公司，2024.01.
面；　公分．－－（晨星叢書 008）
ISBN　978-626-320-483-6（平裝）

1.CST：閱讀指導 2.CST：讀書法

019.1　　　　　　　　　　　　112007586

晨星叢書 008

閱讀魔法屋 2：洪瓊君的身體閱讀〔實踐篇〕

撰　　文	洪瓊君
攝　　影	Paude、陳采湕、Paco 、在在、舞則飛、張洁
封面攝影	蕭庭妤 Emma
造　　型	陳采悠
內頁插畫	陳采悠
主　　編	徐惠雅
文字編輯	楊嘉殷
美術設計	柳惠芬
發行人	陳銘民
發行所	晨星出版有限公司
	407 臺中市西屯區工業區三十路 1 號 1 樓
	TEL：04-23595820 FAX：04-23550581
	Email：service@morningstar.com.tw
	http://www.morningstar.com.tw
	行政院新聞局局版臺業字第 2500 號
法律顧問	陳思成律師
初版	西元 2024 年 01 月 30 日
讀者專線	TEL：02-23672044 ／ 04-23595819#212
	FAX：02-23635741 ／ 04-23595493
網路書店	Email: service@morningstar.com.tw
郵政劃撥	http://www.morningstar.com.tw
	15060393（知己圖書股份有限公司）
印刷	上好印刷股份有限公司

線上回函

定價 480 元
ISBN 978-626-320-483-6
Published by Morning Star Publishing Inc.
Printed in Taiwan